DISCLAIMER

The author and publisher are providing this book and its contents on an "as is" basis and make no representations or warranties of any kind with respect to this book or its contents. The author and publisher disclaim all such representations and warranties, including but not limited to warranties of merchantability. In addition, the author and publisher do not represent or warrant that the information accessible via this book is accurate, complete, or current.

Except as specifically stated in this book, neither the author nor publisher, nor any authors, contributors, or other representatives will be liable for damages arising out of or in connection with the use of this book. This is a comprehensive limitation of liability that applies to all damages of any kind, including (without limitation) compensatory; direct, indirect, or consequential damages; loss of data, income, or profit; loss of or damage to property; and claims of third parties.

Copyright © 2022 LINGUAS CLASSICS

BESTACTIVITYBOOKS.COM

All rights reserved. No part of this book may be reproduced or used in any manner without the written permission of the copyright owner except for the use of quotations in a book review.

FIRST EDITION - Published 2022

Extra Graphic Material From: www.freepik.com
Thanks to: Alekksall, Starline, Pch.vector, Rawpixel.com, Vectorpocket, Dgim-studio, Upklyak, Macrovector, Stockgiu, Pikisuperstar & Freepik.com Designers

This Book Comes With Free Bonus Puzzles
Available Here:

BestActivityBooks.com/WSBONUS20

5 TIPS TO START!

1) HOW TO SOLVE

The Puzzles are in a Classic Format:

- Words are hidden without breaks (no spaces, dashes, ...)
- Orientation: Forward & Backward, Up & Down or in Diagonal (can be in both directions)
- Words can overlap or cross each other

2) ACTIVE LEARNING

To encourage learning actively, a space is provided next to each word to write down the translation. The **DICTIONARY** allows you to verify and expand your knowledge. You can look up and write down each translation, find the words in the Puzzle then add them to your vocabulary!

3) TAG YOUR WORDS

Have you tried using a tag system? For example, you could mark the words which have been difficult to find with a cross, the ones you loved with a star, new words with a triangle, rare words with a diamond and so on...

4) ORGANIZE YOUR LEARNING

We also offer a convenient **NOTEBOOK** at the end of this edition.
Whether on vacation, travelling or at home, you can easily organize your new knowledge without needing a second notebook!

5) FINISHED?

Go to the bonus section: **MONSTER CHALLENGE** to find a free game offered at the end of this edition!

Want more fun and learning activities? It's **Fast and Simple!**
An entire Game Book Collection just **one click away!**

Find your next challenge at:

BestActivityBooks.com/MyNextWordSearch

Ready, Set... Go!

Did you know there are around 7,000 different languages in the world? Words are precious.

We love languages and have been working hard to make the highest quality books for you. Our ingredients?

A selection of indispensable learning themes, three big slices of fun, then we add a spoonful of difficult words and a pinch of rare ones. We serve them up with care and a maximum of delight so you can solve the best word games and have fun learning!

Your feedback is essential. You can be an active participant in the success of this book by leaving us a review. Tell us what you liked most in this edition!

Here is a short link which will take you to your order page.

BestBooksActivity.com/Review50

Thanks for your help and enjoy the Game!

Linguas Classics Team

1 - Antiques

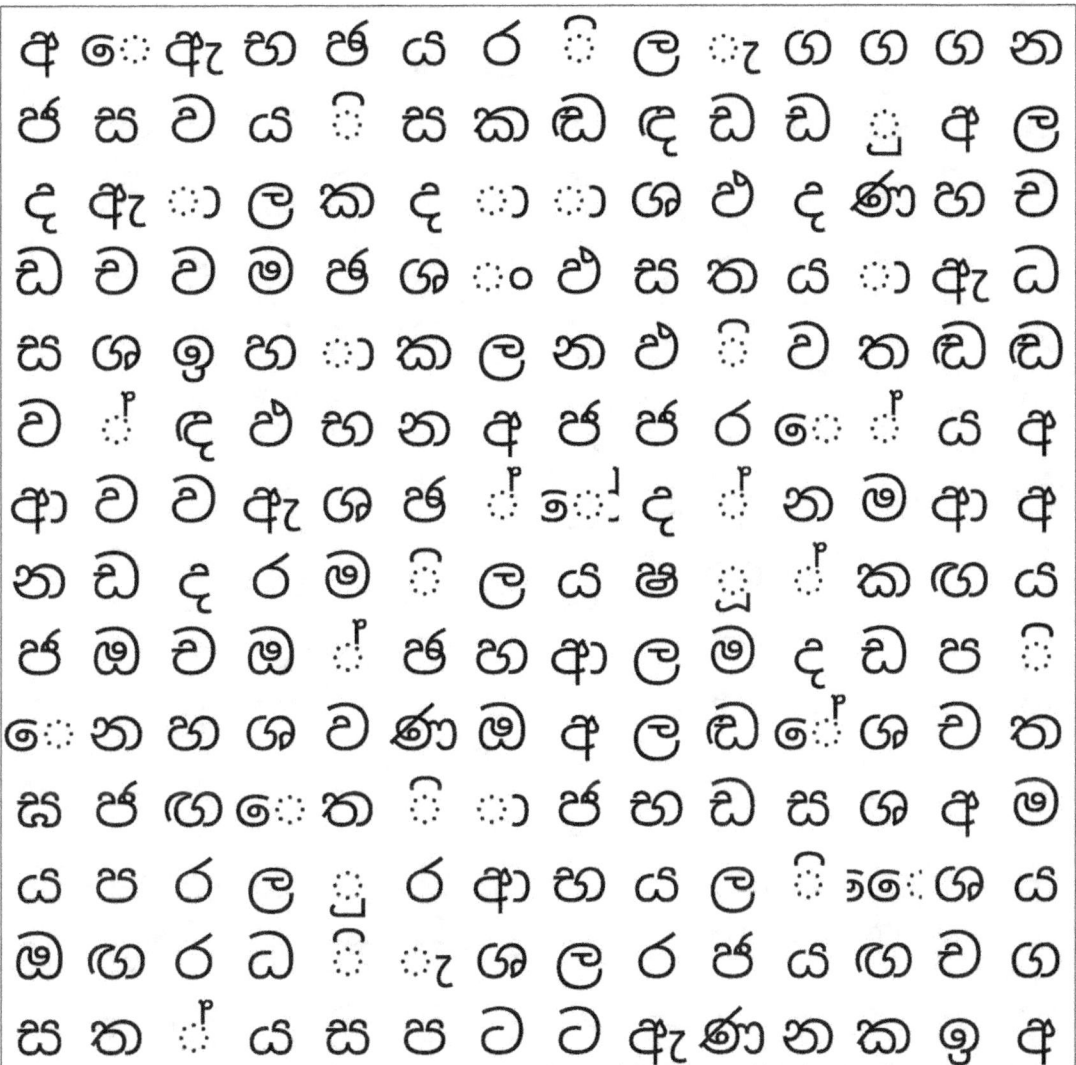

අ	ෙ	ඇ	හ	ඡ	ය	ර	ි	ල	ැ	ග	ග	ග	න
ජ	ස	ව	ය	ි	ස	ක	ඬ	ඳ	ඩ	ඩ	ු	අ	ල
ද	ඇ	ා	ල	ක	ද	ා	ා	ශ	ඒ	ද	ණ	හ	ච
ඩ	ච	ව	ම	ඡ	ශ	ං	ඒ	ස	ත	ය	ා	ඇ	ඩ
ස	ශ	ඉ	හ	ා	ක	ල	න	ඒ	ි	ව	ත	ඬ	ඬ
ච	්	ඳ	ඒ	හ	න	අ	ජ	ජ	ර	ෙ	්	ය	අ
ආ	ච	ව	ඇ	ශ	ඡ	්	ෝ	ද	්	න	ම	ආ	අ
න	ඩ	ද	ර	ම	ි	ල	ය	ෂ	ූ	්	ක	ඟ	ය
ජ	ඹ	ච	ඹ	්	ඡ	හ	ආ	ල	ම	ද	ඩ	ප	ි
ෙ	න	හ	ශ	ව	ණ	ඹ	අ	ල	ඬ	ේ	ශ	ච	ත
ඝ	ජ	ඟ	ෙ	ත	ි	ා	ජ	හ	ඩ	ස	ශ	අ	ම
ය	ප	ර	ල	ු	ර	ආ	හ	ය	ල	ි	ෛ	ශ	ය
ඹ	ඟ	ර	ඩ	ි	ැ	ශ	ල	ර	ජ	ය	ඟ	ච	ග
ස	ත	්	ය	ස	ප	ට	ට	ඇ	ණ	න	ක	ඉ	අ

කලා
වෙන්දේසිය
සත්‍ය
සියවස
කාසි
දශක
අලංකාර
ගැලරිය
ආයෝජන
අයිතමය
ස්වර්ණාභරණ
පැරණි
සිතුවම්
මිල
ගුණාත්මක
මූර්ති
ශෛලිය
අසාමාන්‍ය
අගය

2 - Food #1

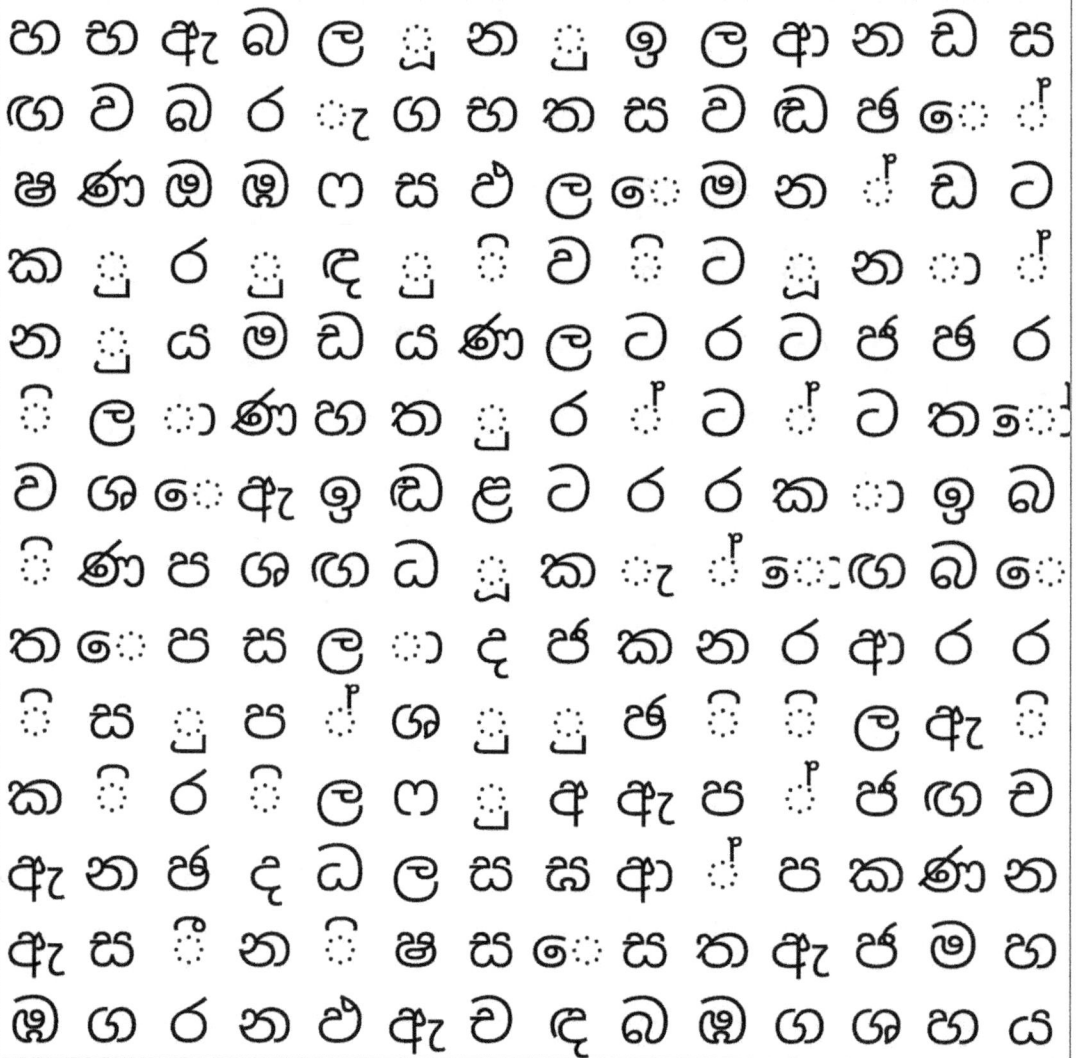

හ	හ	ඇ	බ	ල	◌ූ	න	◌ු	ඉ	ල	ආ	න	ඩ	ස
ඟ	ව	බ	ර	◌ැ	ග	හ	ත	ස	ව	ඬ	ජ	◌ෙ	◌්
ෂ	ණ	ඔ	ඹ	ෆ	ස	ඵ	ල	◌ෙ	ම	න	◌්	ඩ	ට
ක	◌ු	ර	◌ු	ඳ	◌ු	◌ි	ව	◌ි	ට	◌ූ	න	◌ා	◌්
න	◌ු	ය	ම	ඩ	ය	ණ	ල	ට	ර	ට	ජ	ඡ	ර
◌ි	ල	◌ා	ණ	හ	ත	◌ු	ර	◌්	ට	◌්	ට	ත	◌ෝ
ව	ශ	◌ෙ	ඇ	ඉ	ඬ	ළ	ට	ර	ර	ක	◌ා	ඉ	බ
◌ි	ණ	ප	ශ	ඟ	ධ	◌ූ	ක	◌ැ	◌්	◌ො	ඟ	බ	◌ෙ
ත	◌ෙ	ප	ස	ල	◌ා	ද	ජ	ක	න	ර	ආ	ර	ර
◌ි	ස	◌ු	ප	◌්	ශ	◌ු	◌ු	ඡ	◌ි	◌ි	ල	ඇ	◌ි
ක	◌ි	ර	◌ි	ල	ෆ	◌ු	අ	ඇ	ප	◌්	ජ	ඟ	ච
ඇ	න	ඡ	ද	ධ	ල	ස	ඝ	ආ	◌්	ප	ක	ණ	න
ඇ	ස	◌ී	න	◌ි	ෂ	ස	◌ෙ	ස	ත	ඇ	ජ	ම	හ
ඹ	ග	ර	න	ඵ	ඇ	ච	ඳ	බ	ඹ	ග	ශ	හ	ය

ඇප්රිකොට්
බාර්ලි
බැසිල්
කැරට්
කුරුඳු
සුදුළූණු
යුෂ
ලෙමන්
කිරි
ලූනු

රටකජු
පෙයා
සලාද
ලූණු
සුප්
නිවිති
ස්ට්රෝබෙරි
සීනි
ටූනා
ටර්නිප්

3 - Measurements

ච	ෂ	ශ	ක	◌ි	ල	◌ෝ	ග	◌්	ර	◌ෑ	ම	◌්	ශ
ය	ඝ	ම	ස	ඬ	හ	බ	ඩ	හ	ව	ඡ	ණ	◌ෙ	ච
ම	බ	ඉ	ම	ල	ට	ත	◌ෙ	ය	ජ	ට	ර	ඡ	ර
ග	◌ැ	ඹ	◌ු	ර	උ	ඟ	ව	◌ි	න	◌ා	ඩ	◌ි	ෆ
◌ි	බ	ක	ඉ	බ	ස	ම	ම	ඇ	ඟ	◌්	ල	ඟ	අ
ද	ය	ල	ඉ	බ	බ	හ	ග	ය	ට	ප	◌ො	ෆ	අ
ඇ	◌ි	ෂ	ය	ධ	◌ි	◌ා	ප	උ	ම	ර	ක	ට	ව
ණ	ට	ජ	ච	ඳ	ග	ප	ම	ඹ	◌ී	◌ි	◌ි	ල	◌ු
ස	◌ෙ	න	◌්	ට	◌ි	ළ	ද	ශ	ට	ම	ල	◌ී	න
ඡ	ග	ඹ	ආ	ජ	ඉ	ල	ශ	ද	ර	◌ා	◌ෝ	ට	◌්
න	ච	ඡ	හ	ම	අ	ව	ම	ඹ	◌්	ව	ම	ර	ස
ඟ	ණ	ට	ඟ	ඵ	ප	ඡ	ඩ	බ	ජ	හ	◌ී	◌්	ය
ඬ	ක	ඡ	ඹ	ප	ඝ	ධ	ල	ල	ධ	ව	ට	ශ	ක
ඬ	ඵ	ප	ග	බ	ග	ර	ඬ	ණ	ව	ඬ	ර	අ	◌්

බයිට
සෙන්ටි
දශම
උපාධිය
ගැඹුර
ඇට
උස
අඟල්
කිලෝ ග්‍රෑම්
කිලෝමීටර
දිග
ලීටර්
මහා
මීටර්
විනාඩි
අවුන්සයක්
ටොන්
පරිමාව
බර
පළල

4 - Farm #2

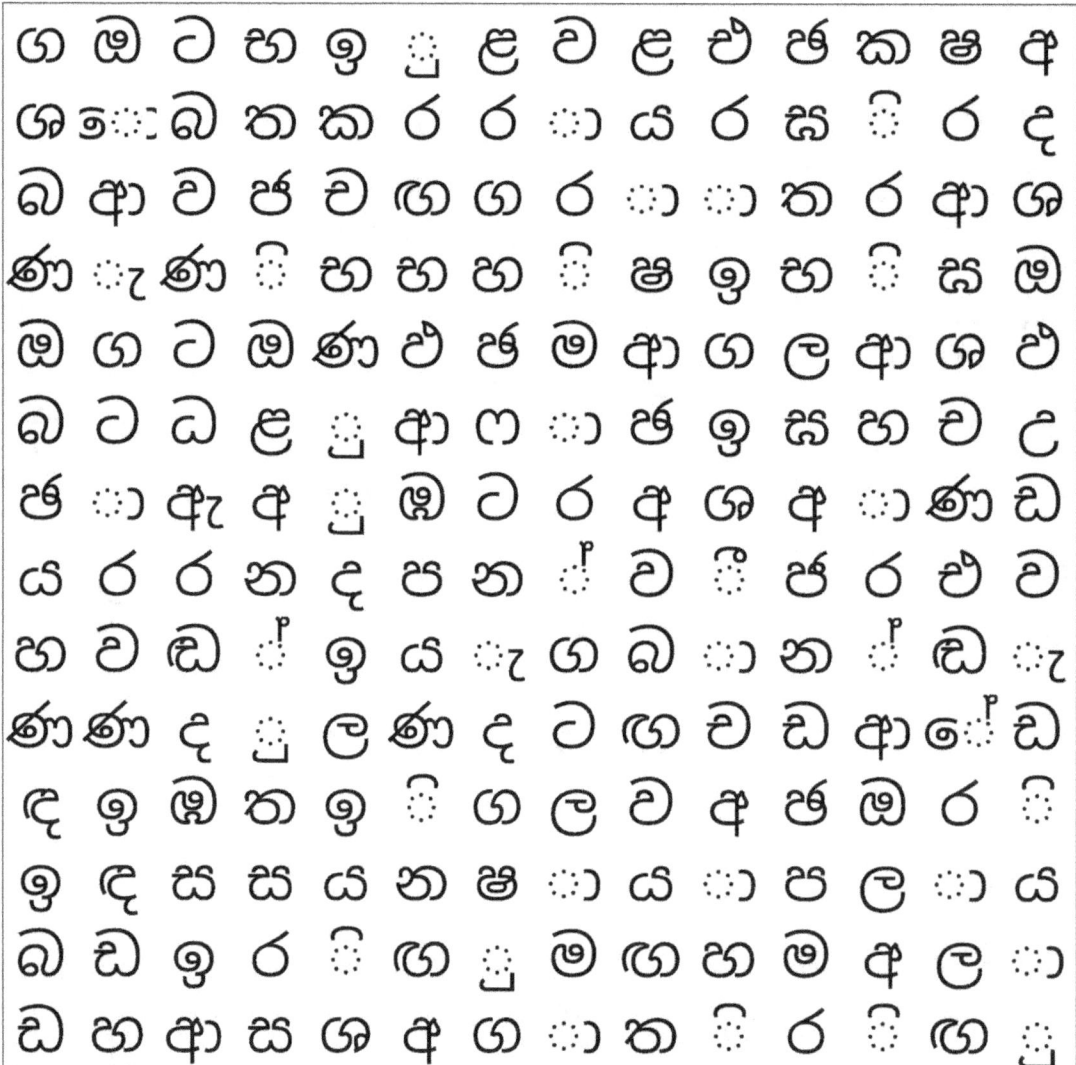

ග	ඹ	ට	හ	ඉ	ු	ළ	ව	ළ	ඒ	ජ	ක	ෂ	අ
ශ	ො	බ	ත	ක	ර	ර	ා	ය	ර	ඝ	ි	ර	ද
බ	ආ	ව	ජ	ච	ඟ	ග	ර	ා	ා	ත	ර	ආ	ශ
ණ	ැ	ණ	ි	හ	හ	හ	ි	ෂ	ඉ	හ	ි	ඝ	ඹ
ඹ	ග	ට	ඹ	ණ	ඒ	ජ	ම	ආ	ග	ල	ආ	ශ	ඒ
බ	ට	ඩ	ළ	ු	ආ	ෆ	ා	ජ	ඉ	ඝ	හ	ච	උ
ජ	ා	ඇ	අ	ු	ඹු	ට	ර	අ	ශ	අ	ා	ණ	ඩ
ය	ර	ර	න	ද	ප	න	්	ව	ී	ජ	ර	ඒ	ව
හ	ව	ඬ	්	ඉ	ය	ැ	ග	බ	ා	න	්	ඬ	ැ
ණ	ණ	ද	ු	ල	ණ	ද	ට	ඟ	ච	ඩ	ආ	ේ	ඩ
ඳ	ඉ	ඹු	ත	ඉ	ි	ග	ල	ව	අ	ජ	ඹ	ර	ි
ඉ	ඳ	ස	ස	ය	න	ෂ	ා	ය	ා	ප	ල	ා	ය
බ	ඩ	ඉ	ර	ි	ඟ	ු	ම	ඟ	හ	ම	අ	ල	ා
ඩ	හ	ආ	ස	ශ	අ	ග	ා	ත	ි	ර	ි	ඟ	ු

සතුන්
බාර්ලි
බාන්
බඩ ඉරිඟු
තාරා
ගොවි
ආහාර
පල
වාරිමාර්ග
බැටළු පැටවා
ලාමා
ජීවන්
කිරි
උඩවැඩියා
ඉදුණු
එඬේරා
එළවළු
තිරිඟු

5 - Books

ක	◌්	ව	ල	◌ා	◌ා	ම	න	ව	ක	ත	◌ා	ව	ණ
ත	න	ට	ම	ජ	ච	අ	ල	අ	ෂ	හ	ආ	ඬ	ට
◌ා	ව	◌ු	ත	ක	එ	ආ	ණ	ළ	ද	න	ල	ෆ	ද
ව	න	◌ි	බ	ඹ	ක	ස	◌ි	හ	◌ා	◌ි	ත	ඓ	◌්
ෙ◌	◌ි	ප	ෙ◌්	ල	ත	◌ා	ඉ	ඟ	ඳ	ද	ග	ෂ	ව
අ	ප	හ	ද	ට	◌්	හ	ග	ෙ◌	න	ම	අ	ම	◌ි
ක	◌ැ	ර	ජ	ර	ර	◌ි	ක	ර	◌්	ත	◌ෘ	ම	ත
ව	ය	ස	න	ෆ	◌ා	ත	ප	◌ා	ඨ	ක	ය	◌ා	◌්
◌ි	◌ු	◌ි	ක	ඹ	ස	◌්	ඝ	ෆ	ජ	ද	ම	ණ	ව
ස	ම	ල	ව	ඝ	ජ	ය	න	ඔ	ට	ඬ	බ	ෂ	ය
ට	◌්	ඇ	ග	ක	න	ම	ණ	ෆ	ෂ	ඇ	ග	ඟ	ල
අ	ණ	ච	හ	ෙ◌	ක	ය	හ	ර	◌්	ද	◌්	න	ස
ඳ	ච	ක	එ	ද	ඡ	ඩ	හ	ර	ප	න	ඟ	බ	ව
බ	ම	ධ	ධ	ණ	හ	ව	හ	ශ	එ	ඳ	ර	ණ	ට

ත්‍රාසජනක
කර්තෘ
එකතුව
සන්දර්භය
ද්විත්වය
ඓතිහාසික
නව නිපැයුම්
සාහිත්‍යමය
නවකතාව

පිටුව
කවිය
කවි
පාඨකයා
අදාළ
මාලාවක්
කතාව
ඛේදජනක

6 - Meditation

ව	ෆ	ධ	ක	ස	ි	න	ා	ම	ඩ	ය	ශ	ඡ	ප
ක	ඩ	ඇ	ෘ	ව	්	ය	ා	ප	ා	ර	ය	ල	ද
ශ	ර	භ	ත	ප	ැ	හ	ැ	ද	ි	ල	ි	ක	ම
ප	ඡ	ඒ	ඥ	ෆ	ඒ	ය	ව	ඝ	ස	අ	ව	ද	ි
ෂ	ත	ඹ	ත	ඉ	ට	ස	ි	ත	ු	ව	ි	ල	ි
ෙ	ආ	ක	ා	අ	ප	ු	ර	ු	ද	ු	ෆ	ප	ඉ
ද	ව	ෂ	ව	ව	ල	ක	ත	ර	ද	ඬ	භ	ි	න
ක	ඥ	ච	ත	ධ	හ	ඬ	ඒ	ස	ර	ච	ක	ළ	හ
ම	ර	ය	ම	ා	ස	්	ව	භ	ා	ව	ය	ි	ැ
හ	න	ු	ක	න	්	ස	ු	්	න	ස	ත	ග	ග
ඵ	බ	ස	ණ	ය	ධ	ය	ජ	ග	බ	භ	ග	ැ	ී
ආ	ෆ	ව	ප	ා	ම	්	ක	ු	න	අ	ී	න	ම
ණ	ද	ෙ	ඇ	හ	ව	හ	ඬ	ඉ	ග	ඬ	ං	ී	්
ඉ	ද	ි	ර	ි	ද	ර	්	ශ	න	ය	ස	ම	ඡ

පිළිගැනීම
අවධානය
අවදි
සන්සුන්
පැහැදිලිකම
අනුකම්පාව
හැඟීම්
කෘතඥතාව
පුරුදු
සතුට
කරුණාව
මානසික
මනස
ව්‍යාපාරය
සංගීතය
ස්වභාවය
සාමය
ඉදිරිදර්ශනය
නිහඬ
සිතුවිලි

7 - Days and Months

ඝ	ඟ	ඔ	ය	ල	ව	ධ	ජ	ය	ආ	ඩ	ඩ	ශ	ස
ම	ජ	ශ	ම	ද	ඉ	ඵ	න	ම	ක	ග	ද	ෂ	ස
බ	ද	◌ා	ද	◌ා	ර	ත	ව	ස	◌ා	ප	◌ා	ප	ත
අ	ඬ	අ	ස	◌ු	◌ි	ෂ	◌ා	◌ෙ	ට	ර	න	ඖ	◌ි
ග	න	ඟ	◌ැ	ඳ	ද	ප	ර	ධ	ඉ	ද	◌්	ම	ය
◌ෝ	හ	ප	ස	◌ා	ඔ	◌ි	ච	ද	◌ා	ත	ත	◌ේ	
ස	ව	ර	◌්	ප	◌ෙ	බ	ර	ව	◌ා	ර	◌ි	ද	◌ු
◌්	◌ැ	◌ු	ත	ම	◌ා	ස	ය	ජ	ර	◌ා	ප	◌ි	ව
ත	ම	ව	◌ැ	හ	ය	ඖ	ඖ	◌ූ	◌ා	ස	ස	න	ර
◌ු	◌්	◌ා	ම	අ	ය	න	ඬ	ල	ක	◌ු	◌්	ද	◌්
ඉ	බ	ද	◌්	ඔ	ක	ල	ඩ	◌ි	◌ු	න	හ	ස	ෂ
ඡ	ර	◌ා	බ	ය	ල	ඬ	ඡ	ඡ	◌ි	◌ෙ	ර	◌ු	ය
ග	◌්	ජ	ර	ජ	ඉ	ජ	ඩ	ඖ	ස	ස	◌්	න	හ
ඇ	ඳ	ල	◌්	ර	◌ේ	◌්	ප	අ	ඇ	◌ෙ	බ	ද	ඩ

අප්‍රේල්
අගෝස්තු
දින දසුන
පෙබරවාරි
සිකුරාදා
ජනවාරි
ජූලි
මාර්තු
සඳුදා
මාසය
නොවැම්බර්
සෙනසුරාදා
සැප්තැම්බර්
ඉරිදා
බ්‍රහස්පතින්දා
අඟහරුවාදා
බදාදා
සතියේ
වර්ෂය

8 - Energy

ඡ	ට	හ	ග	හ	ස	◌ු	ළ	◌ං	ඩ	ඩ	ස	ව	ක
ට	ච	ප	◌ැ	ඉ	ය	ම	ය	න	◌ී	ෂ	ඩ	ෆ	ඎ
ර	හ	ඩ	ස	බ	අ	◌ි	ල	ඩ	ස	ෂ	ර	ප	ට
◌්	ඇ	ස	◌ො	ත	ඬ	ඡ	ඩ	හ	ල	◌ෙ	ල	න	ක
බ	ත	ල	ල	ඬ	ස	ශ	ක	◌්	◌්	ඬ	ණ	ස	ර
ය	◌ා	ල	◌ි	ද	◌ු	◌ි	ව	ඬ	ර	ම	හ	ෂ	◌්
◌ි	ප	ට	න	ට	◌ෝ	◌ෝ	ෆ	ඳ	ෆ	ජ	ර	ග	ම
න	ය	ඩ	◌්	ද	◌ූ	ෂ	ණ	ය	ෂ	◌ි	න	ර	◌ා
ප	◌ු	න	ර	◌්	ජ	න	න	◌ී	ය	◌්	ධ	◌්	න
ය	බ	◌ැ	ට	ර	◌ි	හ	ම	ග	හ	න	◌්	ට	◌්
ප	ර	◌ි	ස	ර	ය	ධ	ච	ම	ව	ඵ	න	◌ෝ	ත
හ	ම	◌ෙ	න	◌්	ය	ෂ	◌්	ට	◌ි	ක	ඉ	ම	ය
ධ	ඵ	න	◌්	ට	◌්	ර	◌ො	ප	◌ි	ය	ච	◌ෙ	ම
ල	ව	ක	◌ා	බ	න	◌්	හ	ඝ	බ	ඹ	ම	බ	ර

බැටරි
කාබන්
ඩීසල්
විදුලි
එන්ජිම
එන්ට්‍රොපිය
පරිසරය
ඉන්ධන
ගැසොලින්
තාපය
හයිඩ්‍රජන්
කර්මාන්තය
මෝටර්
න්‍යෂ්ටික
ෆෝටෝන
දූෂණය
පුනර්ජනනීය
ටර්බයින
සුළං

9 - Chess

ම	ල	ක	◌්	ර	◌ී	ඩ	ක	ය	◌ා	බ	ෆ	ම	ස
ය	ග	ක	ව	ඡ	න	ණ	ණ	ඝ	ඩ	න	හ	ල	◌ු
ඹ	ල	ය	◌ු	ඝ	ආ	ක	ධ	ට	ර	ඡ	හ	ග	ද
න	ර	◌ා	න	ණ	ර	◌්	ක	ශ	◌ූ	ර	ය	◌ා	◌ු
ට	◌ැ	ද	◌ී	ර	◌ු	ර	ළ	ච	ෙ◌	ඳ	ල	ඝ	ජ
න	ජ	◌ි	ත	◌්	ග	◌ී	◌ු	ග	ය	◌ෝ	◌ි	හ	අ
ස	◌ි	ව	◌ි	ක	ග	ඩ	ම	ර	ජ	න	ව	ඟ	ම
◌ී	න	◌ා	හ	◌ි	අ	◌ා	ෂ	ජ	ව	ජ	◌ා	◌ූ	ප
◌ා	ඡ	ත	ඔ	ව	ඡ	ව	ඔ	ඹ	ඇ	න	ග	ග	ඵ
ද	ඟ	◌ි	බ	ෆ	හ	ම	ෂ	ඡ	ඟ	ම	ර	න	උ
උ	ක	ර	ක	ත	ඬ	ප	ක	ෆ	ඔ	ඬ	ත	ණ	ප
ෆ	ප	◌්	ආ	◌ා	ස	ඉ	අ	ග	ක	ත	ඬ	ෙ◌	◌ා
ඳ	ත	ප	ෂ	ත	ල	ක	ඳ	ඔ	ඉ	ච	ඬ	ක	ය
ට	අ	ඇ	ප	ඩ	ඩ	ය	ඬ	ෙ◌	ඔ	ඇ	ඵ	ඳ	ඡ

කළු
අභියෝග
ශූරයා
දක්ෂ
විකර්ණ
ක්‍රීඩාව
රජ
ප්‍රතිවාදියා
උදාසීන

ක්‍රීඩකයා
ලකුණු
රැජින
නීති
පූජාව
උපාය
කාලය
තරගාවලිය
සුදු

10 - Archeology

ධ	ද	ඵ	ණ	ෆ	ළ	ඵ	හ	බ	ඇ	ත	ෆ	ඟ	ව
ශ	◌ා	ප	න	◌්	ස	ළ	ම	ත	ට	බ	හ	ර	◌ි
ප	◌ි	ත	ණ	ග	◌ි	අ	ඹ	න	ක	ළ	ඵ	ර	ශ
ර	ක	ෂ	◌ු	ක	◌ො	ට	ස	◌්	ට	ත	ය	ස	◌්
◌්	ණ	ව	◌්	ව	ප	ම	ණ	ත	◌ු	ඬ	ම	ට	ළ
ය	◌්	◌ි	ඇ	ට	ස	ක	ශ	◌ූ	ණ	බ	◌ී	අ	◌ේ
◌ේ	ඩ	ශ	ශ	ඩ	◌ා	ය	ක	◌්	ඇ	ච	ය	ඇ	ෂ
ෂ	◌ා	◌ේ	ග	ත	ම	ච	ආ	ස	ය	ඝ	ග	ෆ	ණ
ක	ය	ෂ	ළ	ඹ	ඇ	ඵ	◌ා	ව	ග	ළ	ඇ	ය	ය
◌ෙ	ම	ඥ	ඹ	හ	ස	ෆ	ණ	ර	◌ා	◌ු	ප	ග	ග
ස	◌ො	හ	◌ො	න	ණ	ජ	ඳ	ප	ය	ඹ	න	ඵ	◌ු
අ	හ	◌ි	ර	හ	ස	න	◌ො	ද	න	◌්	න	◌ා	ය
ප	◌ැ	ව	ත	ඇ	ම	හ	◌ා	ච	◌ා	ර	◌්	ය	ච
ඟ	ග	හ	ර	◌ෙ	අ	ද	ඝ	ඹ	ර	ඩ	ම	ක	ව

විශ්ලේෂණය
පුරාණ
ඇටකටු
ශිෂ්ටාචාරය
පැවත
යුගය
ඇගයීම
විශේෂඥ
අමතක
පොසිල

කොටස්
අභිරහස
වස්තූන්
මහාචාර්ය
ධාතුව
පර්යේෂක
කණ්ඩායම
පන්සල
සොහොන
නොදන්නා

11 - Food #2

ච	හ	ල	ර	ල	ව	ට	ච	ඝ	ච	ඉ	ඉ	ම	ආ
◌ො	ත	බ	◌ි	ත	◌්	ත	ර	ධ	◌ී	හ	ඩ	ර	ආ
ක	ධ	ඝ	ද	ඩ	ඝ	ස	ත	ශ	ස	හ	ව	හ	ඉ
ල	ආ	ශ	◌ි	ම	ය	ජ	◌ෙ	ක	◌්	ල	හ	ස	ට
ට	ඳ	ෂ	ල	ක	◌ා	ව	ඇ	◌ෙ	◌්	ප	◌ා	න	◌්
◌්	න	හ	◌්	◌ි	ස	ළ	ච	හ	ක	ක	ජ	ප	ග
ස	ග	ම	◌ැ	ව	ට	ධ	◌ු	ද	ම	ත	◌ා	ත	◌ෝ
ග	ර	◌ි	ස	◌ි	◌ු	ත	හ	බ	ශ	ඳ	ඬ	ල	ය
ෂ	ඉ	ද	ක	න	බ	◌ි	◌ෙ	ද	ඉ	ස	ඬ	ණ	◌ි
ඵ	ර	◌ි	ශ	ත	◌්	ර	◌ි	◌ෙ	ච	ග	හ	ග	ම
ච	ල	ඳ	ශ	ඇ	ම	◌ි	හ	ස	අ	ට	ශ	ඉ	ක
ඉ	ඬ	ෆ	ල	ම	ව	ඟ	ල	හ	ල	හ	ඳ	ෆ	අ
ඬ	ව	ස	◌්	ම	ළ	◌ු	ක	◌ු	◌ු	ක	ග	ත	ඹ
හ	◌ැ	ම	◌්	ල	ප	ඇ	ක	ල	◌ා	ක	◌ෘ	ත	◌ි

ඇපල්
කලාකෘති
කෙසෙල්
පාන්
සැල්දිරි
චීස්
චෙරි
කුකුළු මස්
චොකලට්
බිත්තර
වම්බටු
මාළු
මිදි
හැම්
කිවි
හතු
සහල්
තක්කාලි
තිරිඟු
යෝගට්

12 - Chemistry

ප	ඔ	ණ	ජ	අ	ආ	ල	ග	න	ද	ට	ට	හ	ම
ව	ර	ක	න	ආ	ඇ	ග	ක	◌්	ඩ	ඒ	ප	ය	ඔ
ස	ඬ	ම	◌ා	ච	බ	◌ෑ	ෂ	ය	ප	◌ා	ත	◌ි	ණ
අ	ර	ජ	◌ා	බ	ර	ස	ස	ෂ	ඉ	ම	හ	ඩ	ප
ඉ	ෆ	ශ	ණ	ණ	න	◌්	ත	◌්	ල	ඔ	බ	◌්	ම
ඹ	ඝ	ශ	ඩ	ර	◌ු	◌්	ම	ට	◌ෙ	ච	ඩ	ර	ච
ය	න	ආ	ඔ	ක	ට	ක	ජ	◌ි	ක	ඒ	ඔ	ජ	ද
උ	ෂ	◌්	ණ	ත	◌්	ව	ය	ක	◌්	ඬ	ක	න	හ
ණ	ඩ	ඉ	ර	ණ	◌ු	◌ු	ල	න	ට	ඇ	◌්	◌්	ඩ
ඳ	ඹ	ණ	ත	◌ී	හ	ණ	◌්	◌ි	◌්	අ	ස	ස	ද
ත	හ	ඩ	ය	ආ	ල	අ	ම	බ	ර	ය	◌ි	හ	◌ි
ජ	ග	ඬ	ප	ෂ	ච	◌ෝ	අ	◌ා	◌ෝ	න	ජ	ආ	ය
ඒ	න	◌්	ස	ය	◌ි	ම	◌්	ක	න	අ	න	න	ර
◌ෙ	ප	ය	ර	◌ී	ෂ	◌ා	◌්	ක	◌ෙ	ම	◌්	ශ	ඔ

අම්ලය
ක්ෂාරීය
පරමාණුක
කාබන්
ක්ලෝරීන්
ඉලෙක්ට්රෝන
එන්සයිම
ගෑස්
තාපය
හයිඩ්රජන්

අයන
දියර
අණුව
න්යෂ්ටික
කාබනික
ඔක්සිජන්
ලුණු
උෂ්ණත්වය
බර

13 - Music

ර	ය	ම	බ	◌්	ල	ඇ	ව	න	න	ඩ	බ	ව	ර
ඔ	◌ෙ	ග	◌ැ	ඉ	ත	ජ	ආ	ග	ඇ	ස	ර	ර	◌ි
ඉ	ෂ	ක	ල	භ	ය	ව	◌්	හ	◌ා	◌්	ම	ස	ද
ස	ද	ඵ	ඩ	ඔ	ණ	ඟ	ඉ	ඬ	ම	ය	බ	ල	◌්
ම	◌ං	හ	◌්	ජ	ෆ	ච	බ	ශ	◌ෙ	ස	ක	ත	ම
ය	ඬ	ග	◌ා	ග	◌ා	ය	න	◌ා	ව	◌ං	ව	ය	ය
◌ි	බ	ද	◌ී	ර	◌ා	◌ෙ	ප	ඔ	ල	ග	◌ා	◌ි	◌ා
ක	ෆ	ෂ	ක	ත	◌්	ට	ඔ	ත	ම	◌ී	ච	ග	ග
◌්	ඟ	බ	ට	ආ	ඥ	ම	ඟ	ඇ	ක	ත	◌ි	ම	◌ී
ර	ඉ	ත	ට	ම	ස	හ	◌ෞ	ග	◌්	ර	ක	ස	ත
ෆ	◌ෙ	ය	ණ	ම	◌ා	ර	◌්	න	◌ි	◌ු	න	ත	ම
◌ෝ	ණ	ම	ර	◌ී	ක	◌ි	ත	ග	◌ි	ට	ප	ඵ	ය
න	ඔ	ය	ණ	ඔ	ෂ	ප	අ	ම	න	ක	ල	ල	ම
ය	ක	◌ා	ව	◌්	ය	ම	ය	ට	භ	ව	◌්	ඟ	ණ

ඇල්බමය
බැලඩ්
සම්භාව්ය
හාර්මොනික්
සමගිය
මෙවලමක්
ගීතමය
තනු නිර්මාණය
මයික්‍රෆෝනය

සංගීත
සංගීතඥ
ඔපෙරා
කාව්යමය
පටිගත කිරීම
රිද්මය
ගායනා
ගායකයා
වාචික

14 - Family

ඹ	හ	ත	ශ	හ	ය	ද	ද	ා	න	්	ැ	න	ම
ස	බ	ය	ණ	ජ	ල	ප	ර	ි	ච	ඵ	අ	බ	බ
ට	ක	බ	ස	ඔ	ක	ඟ	ධ	ු	ය	ල	ි	ේ	ල
ඝ	ඵ	ආ	ී	ම	ා	ත	ෘ	ජ	ව	ණ	ඬ	ඩ	ම
ස	ඔ	ණ	ය	ස	ා	ජ	ය	ඹ	ය	ා	ි	ප	ර
ද	ධ	ඡ	ා	ට	ම	ල	ර	ජ	ආ	අ	ඬ	ය	ණ
ඟ	ර	ය	ක	ජ	ළ	ල	ග	ඔ	ච	ආ	ද	ශ	ඬ
ම	ද	ු	ඥ	ා	ත	ි	ස	හ	ෝ	ද	ර	ය	ා
ා	ෂ	ල	ව	බ	ෑ	ණ	ා	ඵ	බ	ආ	ප	ර	ඉ
ම	ඳ	ධ	ත	න	බ	ි	ර	ි	ඳ	ඔ	ි	ි	හ
ා	ඵ	ල	ඩ	ට	්	ච	ආ	ඳ	ධ	ර	ය	ද	ණ
ප	ී	ත	ෘ	ම	ූ	ල	ි	ක	ස	හ	ය	ෝ	ක
ට	ආ	ම	ස	හ	ෝ	ද	ර	ය	ා	ආ	ෂ	හ	ඟ
ට	බ	ච	ස	ම	ු	න	ු	ප	ු	ර	ා	ස	ඳ

පිය
නැන්දා
සහෝදරයා
දරුවා
ළමා කාලය
දරුවන්
ඥාති සහෝදරයා
දියණිය
පියා
සීයා

මුනුපුරා
මාතෘ
මව
බෑණා
ලේලිය
පීතෘමූලික
සහෝදරිය
මාමා
බිරිඳ

15 - Farm #1

බ	ණ	ය	ශ	ඇ	ර	◌ැ	ළ	ත	ඵ	ස	ඉ	ම	ච
ය	ල	ජ	ජ	ඹ	ෂ	ර	ධ	අ	ශ	◌්	ව	ය	◌ා
◌ි	ත	බ	ල	◌්	ල	◌ා	අ	ෂ	ඳ	◌ෙ	ග	ම	ය
ස	ධ	ජ	බ	ඩ	ධ	ෆ	ඇ	ෆ	ව	ස	බ	◌ී	ජ
න	බ	◌ෙ	ආ	ඬ	ඇ	ජ	ඇ	ඳ	ඩ	◌්	ල	ඇ	න
◌්	ඡ	◌ු	ද	ක	ණ	◌ි	ප	◌ැ	◌ී	ම	ර	ල	හ
◌ෙ	ය	ප	ර	ත	◌්	ෂ	◌ේ	◌්	ක	ළ	ෂ	ණ	◌ේ
ම	ඇ	◌ො	ක	◌ු	අ	ග	ඵ	ඹ	ඩ	◌ු	ෂ	හ	ග
◌ී	ග	හ	ප	ළ	ව	ක	◌ෘ	ෂ	◌ි	ක	ර	◌්	ම
ස	ව	◌ො	ග	ඵ	◌ා	◌ා	ක	ග	ග	◌ු	ඝ	න	ත
ව	හ	ර	ඇ	හ	ට	බ	ළ	ල	◌ා	◌ු	බ	ඬ	ම
ඩ	◌ැ	ල	ආ	ධ	◌ැ	ඉ	ජ	ඡ	ඝ	ක	ඝ	ඡ	ම
ධ	හ	ට	◌්	◌ෙ	ප	ඩ	ස	ඇ	හ	ජ	ණ	හ	ප
ච	ර	ස	ම	අ	ය	ඳ	ඝ	ප	ව	ස	ම	ඇ	න

කෘෂිකර්ම
මී.
බයිසන්
පැටවා
බළලා
කුකුළු මස්
ගව
බල්ලා
බූරුවා
වැට
පොහොර
ක්ෂේත්‍ර
රැළ
එළු
හේ
මී පැණි
අශ්වයා
සහල්
බීජ
ජලය

16 - Camping

ග	න	ඔ	ක	ත	ට	ස	ශ	ඹ	හ	බ	ඝ	හ	ඝ
ත	ස	ෂ	◌ෘ	ත	ව	ත	ස	ඉ	ආ	ඳ	ඹ	ව	ඟ
ව	ෙ◌	◌්	ම	ට	ඳ	◌ු	ව	ඵ	ඝ	ක	ව	ත	ල
ස	ත	න	◌ි	◌ි	ග	න	◌ෝ	◌ැ	ක	ඹ	◌ි	◌ො	ය
ඹ	ජ	ක	◌්	ම	◌ො	◌්	ම	හ	ප	ය	න	ප	ඇ
ෆ	ග	ඔ	ත	ඬ	ඳ	ඔ	ස	අ	ඉ	ක	◌ෝ	◌්	ශ
ඇ	ඬ	ය	ඵ	ක	ෂ	ම	ම	ඳ	ක	ස	ද	ප	ක
ර	ක	ක	ඟ	ඟ	◌ූ	හ	ව	ස	න	◌්	ර	◌ි	ග
ස	◌ි	ත	◌ි	ය	ම	ඩ	ග	ඇ	◌්	ව	ව	ය	ඇ
ඝ	ෆ	ප	ට	ශ	ධ	ඹ	◌ා	ණ	ද	හ	◌ි	ම	ඝ
ත	◌්	ර	◌ා	ස	ජ	න	ක	ර	ඹ	◌ා	ල	ත	ම
ට	ම	ව	ඩ	ඡ	බ	ව	ඝ	ක	ම	ව	ෂ	අ	ව
ද	ඩ	ය	ම	◌්	ඇ	බ	න	ප	ජ	ය	ෂ	ය	ද
ෆ	ම	ධ	ම	ධ	ඹ	ම	ඉ	උ	ජ	ෙ◌	හ	ව	ඹ

ත්‍රාසජනක
සතුන්
කැනෝ
උපකරණ
ගිනි
වන
විනෝද
හම්මොක්
තොප්පිය
දඩයම්
කෘමි
විල
සිතියම
සඳ
කන්ද
ස්වභාවය
කඹය
කූඩාරම
ගස්

17 - Safety

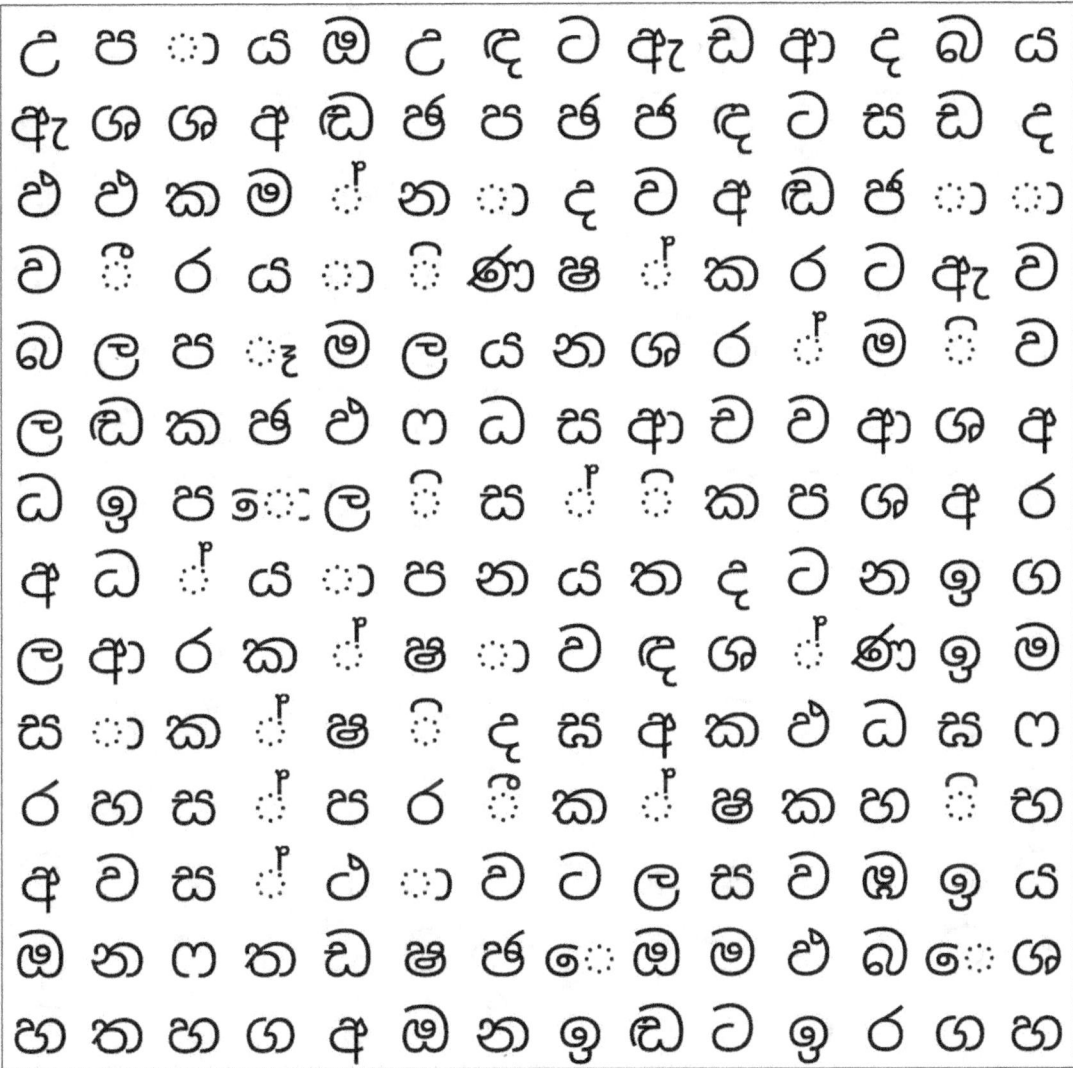

උ	ප	ා	ය	ඹ	උ	ඳ	ට	ඇ	ඩ	ආ	ද	බ	ය
ඇ	ශ	ශ	අ	ඬ	ඡ	ප	ඡ	ජ	ඳ	ට	ස	ඩ	ද
ඵ	ඵ	ක	ම	්	න	ා	ද	ව	අ	ඬ	ජ	ා	ා
ව	ී	ර	ය	ා	ි	ණ	ෂ	්	ක	ර	ට	ඇ	ව
බ	ල	ප	ෑ	ම	ල	ය	න	ශ	ර	්	ම	ි	ව
ල	ඬ	ක	ඡ	ඵ	ෆ	ධ	ස	ආ	ච	ව	ආ	ශ	අ
ධ	ඉ	ප	ො	ල	ි	ස	්	ි	ක	ප	ශ	අ	ර
අ	ධ	්	ය	ා	ප	න	ය	ත	ද	ට	න	ඉ	ග
ල	ආ	ර	ක	්	ෂ	ා	ව	ඳ	ශ	්	ණ	ඉ	ම
ස	ා	ක	්	ෂ	ි	ද	ඝ	අ	ක	ඵ	ධ	ඝ	ෆ
ර	හ	ස	්	ප	ර	ී	ක	්	ෂ	ක	හ	ි	හ
අ	ව	ස	්	ථ	ා	ව	ට	ල	ස	ව	ඹ	ඉ	ය
ඹ	න	ෆ	ත	ඩ	ෂ	ඡ	ෙ	ඹ	ම	ඵ	බ	ෙ	ශ
හ	ත	හ	ග	අ	ඹ	න	ඉ	ඬ	ට	ඉ	ර	ග	හ

අවවාදය
රහස් පරීක්ෂක
අධ්‍යාපනය
අවස්ථාවට
සාක්ෂි
උපද්‍රව
වීරයා
බලපෑම
සිද්ධිය
ආසාව
රක්ෂණ
විමර්ශනය
නිල
පොලිස්
අවදානම්
ආරක්ෂාව
උපාය

18 - Numbers

ප	ච	ඹ	න	ඥ	ම	ධ	ශ	ශ	ත	හ	ත	හ	ඝ
ඇ	ශ	ට	ද	ෆ	ච	ප	ද	හ	ය	ඹ	හ	ජ	ල
අ	ඩ	ග	හ	ප	ද	ව	ඩ	ො	ණ	ය	ප	ඇ	ස
ජ	ට	අ	හ	ද	ඒ	ශ	අ	ආ	ළ	ස	හ	ෆ	ඬ
ඥ	අ	ඉ	ත	හ	හ	ඝ	ම	ත	ව	හ	ළ	ආ	ක
ඒ	ෙ	ල	්	ත	න	ක	්	ක	ෙ	ද	ො	ශ	ආ
ඟ	ෂ	ත	ව	ව	ි	ස	ි	්	ව	ධ	ව	බ	ඬ
ඡ	හ	ක	න	ර	හ	ද	හ	න	ව	ය	ස	හ	ඇ
හ	ධ	ර	ඡ	ය	ජ	ත	ජ	ු	ඉ	ත	ඬ	ප	ධ
ත	ද	ශ	ඝ	ව	ඒ	ඬ	ර	ත	හ	හ	ද	ඬ	ය
ද	හ	ත	ු	න	ක	අ	ඹ	ට	ය	ර	ෆ	ණ	ඥ
ඩ	න	ධ	ෂ	ග	අ	ඟ	ම	ෆ	ය	ඩ	ඉ	ඡ	ඹ
ඝ	බ	ඥ	ශ	ෆ	ඇ	ප	ෙ	බ	ෙ	න	ඒ	ර	ඇ
ද	ප	ල	ශ	ශ	ෙ	හ	ඡ	ම	ඉ	ෆ	ඉ	ඩ	ධ

දශම
අට
දහඅට
පහළොව
පහ
හතර
දහහතර
නවය
දහනවය
එක
හත
දහහත්වන
හය
දහසය
දස
දහතුන
තුනක්
දොළහ
විසි
දෙකක්

19 - Spices

බ	ඳ	ඇ	ආ	ඳ	ද	ල	ඩ	ද	න	ය	ස	ර	ක
ඬ	ස	ඹ	ද	ඝ	ඔ	◌ූ	ඵ	◌ු	ල	ඡ	◌ා	ය	◌ො
ඵ	න	ස	◌ා	ල	◌්	න	ය	ර	ඛ	ඉ	ද	හ	ත
හ	ය	න	ණ	ම	ක	◌ු	◌ං	◌ු	ක	න	◌ි	ම	◌්
ඉ	ඩ	ම	ක	ර	◌ි	අ	ව	ඹ	හ	ඡ	ක	◌ි	ත
ඳ	ව	◌ැ	න	◌ි	ල	◌ා	ස	◌ැ	ඝ	ෂ	◌්	හ	ම
ස	◌ු	ද	◌ු	ළ	◌ූ	ණ	◌ු	ම	ල	ග	ක	◌ි	ල
ණ	ඛ	ර	ඡ	ප	ණ	ග	ඡ	ත	◌ෝ	◌්	◌ා	ර	◌්
ඔ	ණ	◌ු	◌ු	ල	ඔ	◌්	ග	ෂ	ඇ	ද	ම	◌ි	ල
ඔ	ඩ	◌ු	ඬ	◌ු	ස	ර	ඝ	ආ	අ	ක	ග	◌ී	◌ි
◌ෙ	ආ	ශ	ඡ	ආ	ක	◌ී	ඩ	ග	ඇ	බ	හ	ම	හ
ඇ	ඵ	ඉ	ඹ	අ	◌ු	ක	◌ා	ප	◌ි	◌ැ	ප	ම	◌්
ශ	ඛ	ඉ	ව	න	ට	ම	හ	ද	◌ු	ර	◌ු	ප	ඉ
ණ	ඔ	◌ෙ	ඩ	ම	ක	ක	ඩ	ශ	ඩ	ඔ	ඛ	ෂ	ඝ

අසමෝදගම්
කටුක
එනසාල්
කුරුඳු
කොත්තමල්ලි
දුරු
කරි
මහදුරු
ග්රීක
රසයය
සුදුළූණු
ඉඟුරු
වැල්මී
සාදික්කා
ලූනු
පැපිකා
කුංකුම
ලූණු
මිහිරි
වැනිලා

20 - Universe

ක	ත	◌ා	ර	ක	◌ා	ව	◌ි	ද	◌්	ය	◌ා	ඥ	න
ද	◌්	ෂ	ඟ	ච	ද	ල	ත	ප	ධ	ෂ	ප	ධ	ල
◌්	ඟ	ෂ	ග	ඉ	න	හ	ඝ	ෙ◌	ධ	ක	ෙ◌	ච	ට
ර	ඉ	ආ	◌ි	ය	◌ේ	ල	ග	◌ෝ	ධ	◌්	ර	අ	ප
◌ා	ධ	ම	ක	ත	හ	ද	ය	ක	හ	ර	◌්	ග	ෙ◌
ච	ඒ	ක	◌්	ම	◌ි	ස	◌්	◌ො	ක	◌ේ	ඬ	ට	ඹ
ණ	ශ	ෙ◌	ස	හ	අ	ජ	අ	ල	ස	◌ු	ෙ◌	අ	ත
ය	ෂ	ශ	◌ි	◌ා	ර	ඉ	ය	ද	ස	ද	ර	ඳ	ස
ත	◌ා	ර	ක	◌ා	ව	◌ි	ද	◌්	ය	◌ා	ව	◌ු	ට
ණ	◌ං	හ	◌්	ඊ	න	◌්	ධ	අ	ස	ෂ	ඝ	ර	ඬ
න	◌්	ය	ල	ග	◌ෝ	ය	◌ු	◌ා	ච	◌ූ	◌්	ස	ත
ධ	ක	ශ	◌ැ	ඉ	ල	ඝ	ධ	ච	ප	හ	ර	ක	ඝ
ල	අ	ධ	◌ැ	ස	ම	ක	ය	ය	ඹ	ච	ඳ	◌්	ක
ස	ඉ	ඹ	ග	ද	◌ෘ	ශ	◌්	ය	ම	◌ා	න	ඒ	ය

ග්‍රහකය
තාරකා විද්‍යාඥ
තාරකා විද්‍යාව
වායුගෝලය
කොස්මික්
අඳුර
ඊන්
සමකය
ගැලැක්සි
අර්ධගෝලයේ

ක්ෂිතිජය
අක්ෂාංශ
සඳ
කක්ෂය
අහස
සූර්ය
ද්‍රාවණය
දුරේක්ෂය
දෘශ්‍යමාන
රාශි

21 - Mammals

ල	ල	ඹ	ඝ	ඩ	බ	ග	ඡ	අ	හ	ක	ට	ව	හ
ස	◌ා	න	◌්	ෆ	◌ි	ල	◌්	ෙ◌ා	ඩ	ත	ණ	හ	ය
අ	ල	◌ි	හ	ත	ශ	න	◌්	ව	ළ	◌ු	ට	◌ැ	බ
ජ	◌්	ඩ	හ	ල	ඵ	◌ා	ව	ල	ශ	ෆ	ශ	ෙ◌	ප
◌ි	ර	ම	ක	◌්	ද	ෙ◌ා	ඵ	ර	◌ා	◌ු	ඳ	ව	ට
ර	◌ි	ෆ	◌ැ	ම	ම	ග	ග	ය	ස	ල	ඟ	ක	ඳ
◌ා	ෙ◌්	අ	න	ස	ඹ	ඬ	ව	න	බ	ඇ	ළ	ප	න
ෆ	ග	ල	◌්	◌ු	ස	◌ි	◌ං	හ	ය	◌ා	ඡ	බ	ධ
◌්	ශ	අ	ග	න	ක	ඳ	ල	අ	ශ	◌්	ව	ය	◌ා
ද	ර	◌ා	ර	◌්	ඔ	ෙ◌ා	ස	ස	ම	ව	◌ා	◌ා	ට
ප	ත	ධ	◌ු	ල	ද	ද	ය	ර	ඟ	ය	◌ා	ක	ඉ
හ	ඟ	ඔ	ඩ	ප	ධ	ඳ	ර	ෙ◌්	ධ	ඩ	හ	◌ඃ	ඝ
ස	◌ී	බ	◌්	ර	◌ා	ෆ	ඇ	ජ	ට	ර	ප	ව	ඵ
ෆ	ෙ◌ා	ක	◌්	ස	◌්	ය	ණ	ඵ	ර	◌්	ව	◌ී	බ

දරා
බීවර්
ගොනා
බළලා
කොයෝට්
බල්ලා
ඩොල්ෆින්
අලි
ෆොක්ස්
ජිරාෆ්
ගෝරිල්ලා
අශ්වයා
කැන්ගරු
සිංහයා
වඳුරා
හාවා
බැටළුවන්
තල්මසුන්
වෘකයා
සීබ්රා

22 - Restaurant #1

ඝ	ක	ද	ල	ෙ	ප	ශ	ඳ	ඹ	ෙ	ආ	හ	ප	ඣ
ෆ	ු	ෂ	ස	ච	ඵ	අ	ඉ	ත	ආ	හ	හ	ග	හ
ඩ	ක	්	ය	ර	ි	ව	ර	්	ට	ේ	ව	ා	ඳ
ක	ු	ඇ	ඬ	ට	ස	ඝ	ඵ	හ	ප	ා	න	්	ර
ු	ළ	ත	ඡ	ම	ර	ැ	ප	ල	ෆ	ර	්	ස	ප
ස	ු	ව	ග	ය	ක	ණ	ර	ඇ	ච	ආ	ෙ	ම	ය
්	ම	ල	ල	ෂ	ෆ	ට	ක	ඳ	ෆ	ශ	ව	ස	ව
ස	ස	බ	ව	ය	ධ	ඩ	ල	ෝ	ද	හ	ඇ	ෝ	්
ි	්	අ	ත	ු	ර	ු	ප	ස	ප	ධ	ය	ස	ර
ය	ර	ත	්	ා	ප	ෆ	අ	අ	ඡ	ි	ෂ	්	ද
ෂ	ඩ	ෆ	ර	ව	හ	ක	ප	ි	හ	ි	ය	ක	්
ග	ව	ඝ	ක	ජ	ප	අ	ඳ	ද	ට	ම	ෙ	න	ු
අ	ස	ා	ත	්	ම	ි	ක	ත	ා	ෆ	ෙ	ග	ම
හ	ස	ඉ	ඹ	බ	ට	ඳ	ඉ	ත	ු	ව	ා	ආ	අ

අසාත්මිකතා
පාත්රය
පාන්
කුකුළු මස්
කෝප්පි
අතුරුපස
ආහාර
අමුද්රව්ය
කුස්සිය
පිහියක්
මස්
මෙනු
තුවා
වෙන්
සෝස්
සැර
වේටර්වරියක්

23 - Bees

හ	◌ි	ර	◌ු	ෆ	ධ	අ	ඉ	ජ	ෆ	ව	ස	ප	ශ
ඬ	ෆ	ප	ද	අ	හ	ණ	ත	ධ	ම	ට	ඵ	◌්	ආ
ඹ	ත	අ	ස	න	ව	ප	ණ	ෙ◌	ච	◌ු	◌ං	ර	ඟ
ල	ත	ත	◌්	ප	ය	◌ා	◌ි	ප	හ	ඟ	ඔ	ය	ද
ව	ධ	ඹ	ල	ෆ	න	ව	බ	ර	ඟ	ඹ	ෂ	ෙ◌්	ස
ව	ඳ	ඳ	ඬ	ඉ	ඉ	ෙ◌	ත	ර	ඩ	ඡ	ෙ◌	ජ	ක
ම	◌ි	◌ෘ	ක	ඔ	ද	◌ු	ම	◌්	ර	ඩ	ද	න	ෂ
ෙ◌	ල	◌ැ	ප	ර	ඇ	ය	ද	ඵ	ධ	ණ	හ	ව	ෙ◌
ම	ඡ	◌්	ම	◌ී	ප	◌ැ	ණ	◌ි	ඉ	ව	ඳ	ත	ෆ
ර	ආ	හ	◌ා	ර	ෂ	ත	ඔ	ඩ	ට	ශ	◌ි	◌්	න
ඳ	◌ැ	ල	ය	ජ	ස	ඬ	ප	ෆ	◌ි	ච	ඟ	◌ි	ත
ම	ල	ජ	ප	ර	◌ා	ග	ල	ඹ	ඹ	ජ	හ	ඇ	ව
ප	ය	ත	◌ි	ධ	ද	◌්	ප	ර	ස	◌ි	ර	ප	න
ප	ර	ච	ග	න	ය	උ	ප	ෂ	ග	ඩ	හ	ච	ඔ

ප්‍රයෝජනවත්
මල
විවිධත්වය
පරිසර පද්ධතිය
මල්
ආහාර
පල
උයන
මෙම
මී පැණි

කෘමි
පැල
පරාග
රැජින
දුම්
හිරැ
රංචු
ඉටි
පියාපත්

24 - Photography

ව	ය	න	ය	ය	ක	ප	ප	ව	ඹ	අ	හ	ක	ද
ඩ	හ	ජ	ඹ	ෙ	ඩ	ව	ර්‍	ි	ස	ර	ණ	ැ	ෘ
ෙ	ල	ණ	ථ	ණ	ඇ	ෂ	ර	ෂ	න	ර්‍	න	ම	ශ
ඩ	ශ	ෙ	ණ	ර්‍	ආ	ශ	ද	ය	ල	ඵ	ඹ	ර	ර්‍
හ	ය	න	ශ	ර	ර්‍	ද	ර	ි	ි	ද	ඉ	ා	ය
ර	ා	ම	ු	ව	ඇ	ආ	ර්‍	ව	න	ැ	ය	ව	ආ
ඹ	ඡ	ෂ	ෙ	ඩ	ජ	ජ	ශ	ච	ැ	ක	ථ	ල	ය
ෆ	ත	ආ	ල	ෝ	ක	ය	න	ෆ	ව	ර්‍	ණ	ෙ	බ
ව	ස	ර්‍	ත	ු	ව	ත	ය	ඬ	ෙ	ව	ඇ	ස	ෂ
ආ	ක	ෘ	ත	ි	ය	ි	ග	ෂ	ස	ී	ණ	ල	ග
අ	ඇ	හ	ඳ	ජ	ෙ	ය	ථ	ඉ	ඩ	ම	අ	ග	ෙ
ද	ඳ	ස	හ	හ	ත	ු	ළ	ක	ඩ	ථ	ට	ම	ල
ව	හ	ු	ෆ	න	ර	ං	හ	ද	ැ	ක	ර්‍	ම	ග
ක	ෆ	ෂ	ර	ද	ම	ස	න	ෙ	ව	ආ	හ	ඇ	ඡ

කළු
කැමරාව
වර්ණ
සංයුතිය
වෙනස
අඳුර
අර්ථ දැක්වීම
ප්‍රදර්ශනය
ආකෘතිය
රාමුව
ආලෝකය
වස්තුව
ඉදිරිදර්ශනය
සෙවනැලි
විෂය
වයනය
දැක්ම
දෘශ්‍ය

25 - Weather

ග	ස	ව	ඉ	ව	ා	ය	ු	ග	ෝ	ල	ය	ම	ශ
ි	හ	ු	ල	ෙ	ච	බ	ග	ත	ම	ළ	භ	ෂ	ඔ
ග	අ	න	ළ	ා	ෂ	ධ	ආ	ෆ	්	ං	න	ෙ	ෆ
ු	න	ි	ි	ි	ක	ස	න	්	ස	ු	න	්	හ
ර	ි	ව	ය	ෂ	ක	ු	ෆ	ඳ	ෝ	ස	බ	උ	න
ු	ය	ර	ි	ක	ස	ු	ළ	ල	ම	ෆ	ඳ	ෂ	ග
ම	ඟ	්	ව	ජ	බ	ආ	ණ	ු	ු	ක	අ	්	ද
්	ය	ත	ශ	ට	ක	හ	ත	ා	ව	ඬ	ජ	ණ	ේ
එ	බ	න	එ	ජ	ශ	ණ	ස	ග	ට	ම	ආ	ත	ශ
ට	ෝ	න	ා	ඩ	ෝ	න	ණ	ක	ු	ු	ෂ	්	ග
ව	න	හ	අ	ය	ි	ස	්	ඹ	ණ	ඔ	ව	ව	ු
ට	්	ඳ	ි	ග	ව	ඩ	ච	ට	ා	ඬ	ඟ	ය	ණ
ම	ේ	ඝ	ම	ම	ද	ු	ී	ම	ු	ග	බ	එ	ය
එ	ර	ඹ	ම	ෂ	ෆ	ෙ	ල	ඝ	ක	ට	ව	ණ	ආ

වායුගෝලය
සන්සුන්
දේශගුණය
වලාකුළු
නියඟය
වියළි
මීදුම
සුළි කුණාටුව
අයිස්
අකුණු
මෝසම්
හිම
රේන්බෝ
අහස
කුණාටුව
උෂ්ණත්වය
ගිගුරුම්
ටෝනාඩෝ
නිවර්තන
සුළං

26 - Adventure

ප	ස	ර	ෙ◌	ඹ	ධ	ක	ස	ස	ශ	ඩ	ඇ	හ	ජ
◌්	ක	අ	ෂ	ග	ඟ	◌්	අ	◌්	◌ං	ස	ව	බ	ත
ර	ස	ව	ඩ	ල	ම	ර	ව	න	ව	ච	ශ	ය	ෆ
◌ී	◌්	ස	ඩ	ල	ඹ	◌ි	ස	◌්	ර	හ	ල	ත	ආ
ත	ක	◌්	හ	ච	ණ	ය	◌්	ර	න	ජ	◌ා	න	ක
◌ි	◌ි	ඵ	ච	ඬ	භ	◌ා	ඵ	ත	ව	ක	ව	ව	ය
ය	ර	◌ා	ක	භ	ක	ක	◌ා	◌ු	ඔ	ඔ	ෂ	හ	ය
ෂ	◌ී	ව	ප	ඝ	ස	◌ා	ව	◌ි	භ	ය	◌ා	න	ක
ඬ	ම	භ	ග	ෂ	ස	ර	ක	ම	ද	ර	◌්	ඩ	ව
අ	භ	◌ි	ය	ෙ◌ෝ	ග	ක	◌්	අ	ත	ක	ක	ණ	ඬ
ය	ත	න	◌්	◌ා	න	ම	ග	ය	ස	◌ා	ර	ආ	ද
ඟ	ඡ	ජ	ධ	ඇ	හ	◌්	ප	ශ	ම	◌ං	ආ	ම	ර
ඝ	අ	ෆ	ම	ඉ	අ	න	ව	ර	◌්	ල	◌්	ඩ	◌්
අ	ස	◌ා	ම	◌ා	න	◌්	ය	ආ	ත	අ	ෂ	ධ	ඝ

ක්‍රියාකාරකම්
අලංකාරය
අභියෝග
අවස්ථාවක්
භයානක
ගමනාන්තය
වර්ල්ඩ්
මිතුරන්
ප්‍රීතිය
ස්වභාවය
සංචලනය
නව
අවස්ථාව
සකස් කිරීම
ආරක්ෂාව
අසාමාන්ය

27 - Circus

අ	ජ	ස	ඟ	ෆ	ඡ	ඩ	ඳ	ණ	න	ඵ	ප	ට	ස
ෂ	ඇ	ට	බ	ත	ම	ඵ	ම	ද	◌්	හ	◌ෙ	ට	◌ි
ඳ	ඳ	ය	ව	ම	ඟ	◌ෙ	හ	ක	◌ු	ද	න	◌ි	◌ං
ච	◌ු	ණ	ඉ	ඳ	ස	◌ං	ග	◌ී	ත	ය	◌්	ක	හ
ෂ	ම	ඉ	ඟ	ඟ	◌ු	ක	ඇ	ඇ	ස	ක	ව	ට	ය
න	◌්	ල	◌ු	◌ැ	බ	ර	◌ැ	ල	ත	◌ො	න	◌්	◌ා
ද	ර	◌්	ශ	න	◌ී	ය	◌ා	න	ස	ට	◌්	ධ	ඬ
ඇ	ක	◌්	ර	◌ො	බ	◌ැ	ට	◌්	◌්	◌ි	න	හ	බ
ම	ඵ	ඩ	◌්	හ	බ	න	ට	ම	ර	ඩ	◌ා	◌ු	ක
◌ැ	හ	අ	ල	උ	ප	ක	◌්	ර	ම	ය	◌ි	න	ම
ජ	අ	ර	◌්	ප	◌ෙ	ළ	ප	◌ා	ල	◌ි	ය	ත	ත
◌ි	ල	ට	ග	ෆ	ය	ස	ඬ	ල	ඵ	ඳ	ජ	ඝ	ඟ
ක	◌ි	◌ෙ	ජ	ජ	ප	ඡ	ජ	ඇ	ෂ	ශ	ඬ	ට	න
◌්	ප	ධ	ශ	ණ	ල	ඡ	ඩ	ජ	ඹ	ප	ෆ	ට	ද

ඇක්රොබැට්
සතුන්
බැලුන්
කැන්ඩි
ඇඳුම්
අලි
ජග්ලර්
සිංහයා
මැජික්

වඳුරා
සංගීතය
පෙළපාලිය
පෙන්වන්න
දර්ශනීය
කූඩාරම
ටිකට්
කොටි
උපක්රමය

28 - Restaurant #2

ල	ස	බ	ෂ	ධ	ල	ක	හ	ස	ධ	ස	ෆ	ච	අ
ු	ු	න	ි	ධ	ප	ඞ	ණ	හ	ල	ඝ	අ	ද	ය
ණ	ප	ච	ක	ත	ස	ම	ා	ළ	ු	ා	ය	ෙ	ි
ු	්	ර	ු	ණ	්	ඇ	ප	ක	ළ	ර	ද	බ	ස
ළු	ය	ා	ළ	හ	ල	ත	ව	ේ	ච	ඹ	ල	ල	්
ණ	ඉ	ත	ු	ැ	්	ව	ර	ක	ළ	ඬ	ශ	ක	ව
න	න	්	බ	න	ඩ	ශ	ේ	්	ළු	ෆ	ට	ක	ත
ජ	ඹ	ර	ඩ	්	්	ඹ	ඟ	ට	ර	ස	ව	ත	්
ල	ධ	ී	ු	ද	ූ	න	ද	ර	ර	අ	ආ	ආ	ඩ
ය	ළු	ආ	ඉ	ක	න	න	ප	ඡ	ට	්	ල	ඹ	ත
ත	හ	හ	ධ	්	ආ	ධ	ම	ක	ජ	ර	ශ	න	ව
ච	ජ	ා	ශ	ළු	ඝ	ස	ච	අ	ම	ල	ත	ධ	ජ
ඬ	ය	ර	හ	ා	ආ	ව	ා	ි	ද	ෙ	ඇ	ර	ජ
ඹ	ශ	ය	ව	ට	ු	ු	ප	ල	ග	ත	ළු	හ	ත

කේක්
පුටුව
රසවත්
රාත්‍රී ආහාරය
බිත්තර
මාළු
දෙබලක
පල
අයිස්
දිවා ආහාරය
නූඩ්ල්ස්
සලාද
ලූණු
සුප්
කුළුබඩු
හැන්දක්
එළවළු
වේටර්
ජලය

29 - Geology

ක	◌ැ	ල	◌්	ස	◌ි	ය	ම	◌්	ක	ග	බ	ෂ	ච
හ	ප	ඳ	ල	ර	ම	ල	හ	ෆ	◌ො	◌ි	◌ා	ස	ප
ච	ව	◌ො	ග	ට	ෆ	◌්	ඝ	ජ	ර	න	ද	හ	ඉ
ත	ප	ල	ස	ෂ	ල	ම	ණ	◌ෙ	ල	◌ි	න	ව	ඩ
ම	◌ා	හ	ඡ	◌ි	ත	අ	ප	ක	◌්	ක	ය	ස	ෆ
ශ	ම	ස	ව	ශ	ල	න	ජ	ට	ඹ	න	අ	ජ	ජ
ස	◌්	ඵ	ර	ය	ඟ	◌ා	ඝ	◌ි	ත	◌්	ක	ක	හ
ඳ	ක	ල	◌ු	ණ	◌ු	ව	න	ඵ	◌්	ද	ට	න	උ
ජ	ම	ඩ	බ	ම	හ	◌ා	ද	◌්	ව	◌ී	ප	ය	ණ
ම	◌ි	ඡ	ට	අ	ණ	ර	ඳ	ස	හ	◌ා	ෂ	ඝ	◌ු
ආ	◌ූ	න	ර	ව	න	◌ු	◌ා	ස	◌ා	න	◌ා	ග	අ
ර	හ	◌ෙ	බ	ඳ	ඬ	◌ි	හ	බ	◌ු	ම	ශ	ල	ඬ
ග	ය	◌ි	ස	ර	◌්	ත	න	ව	ග	ඩ	ග	ඳ	ර
ස	◌්	ට	◌ැ	ක	◌්	ට	◌ි	ට	◌්	ඝ	ර	න	හ

අම්ලය
කැල්සියම්
ගුහාවත්
මහාද්වීපය
කොරල්
ස්ඵටික
භූමිකම්පාව
ඛාදනය
පොසිල
ගයිසර්
ලාවා
ස්ථරය
ඛනිජ
උණු
සානුව
තිරුවානා
ලුණු
ස්ටැක්ටිට්
ගල්
ගිනිකන්ද

30 - House

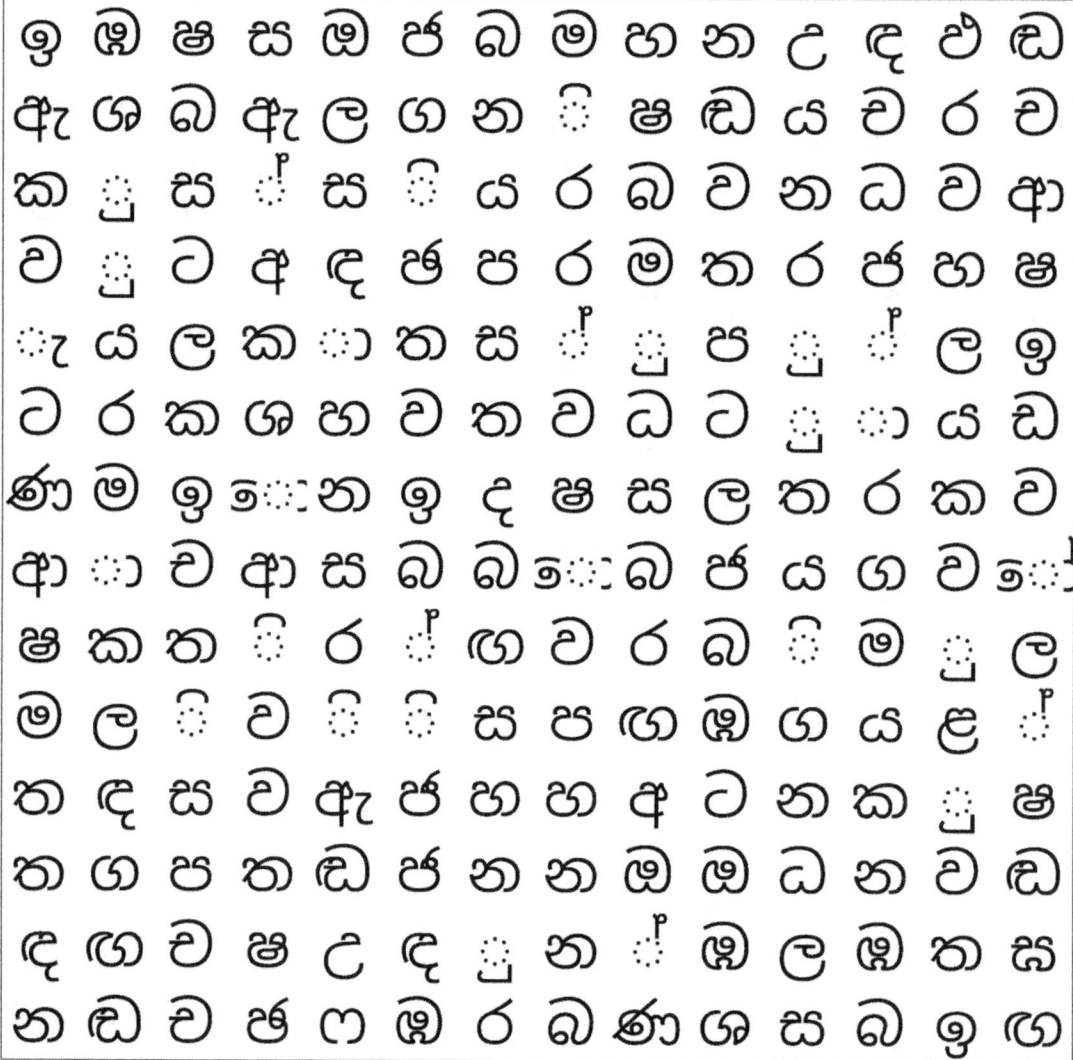

ඉ	ඹ	ෂ	ස	ඔ	ජ	බ	ම	හ	න	උ	ඳ	ඵ	ඬ
ඇ	ශ	බ	ඇ	ල	ග	න	◌ි	ෂ	ඬ	ය	ච	ර	ච
ක	◌ු	ස	◌්	ස	◌ි	ය	ර	බ	ව	න	ධ	ව	ආ
ව	◌ු	ට	අ	ඳ	ඡ	ප	ර	ම	ත	ර	ජ	හ	ෂ
◌ැ	ය	ල	ක	◌ා	ත	ස	◌්	◌ු	ප	◌ු	◌්	ල	ඉ
ට	ර	ක	ශ	හ	ව	ත	ව	ධ	ට	◌ු	◌ා	ය	ඩ
ණ	ම	ඉ	◌ො	න	ඉ	ද	ෂ	ස	ල	ත	ර	ක	ව
ආ	◌ා	ච	ආ	ස	බ	බ	◌ො	බ	ජ	ය	ග	ව	◌ෝ
ෂ	ක	ත	◌ි	ර	◌්	ඟ	ව	ර	බ	◌ි	ම	◌ු	ල
ම	ල	◌ි	ව	◌ි	◌ි	ස	ප	ඟ	ඹ	ග	ය	ළ	◌්
ත	ඳ	ස	ව	ඇ	ජ	හ	හ	අ	ට	න	ක	◌ු	ෂ
ත	ග	ප	ත	ඬ	ජ	න	න	ඔ	ඔ	ධ	න	ව	ඬ
ඳ	ඟ	ච	ෂ	උ	ඳ	◌ු	න	◌්	ඹ	ල	ඹ	ත	ඝ
න	ඬ	ච	ඡ	ෆ	ඹ	ර	බ	ණ	ශ	ස	බ	ඉ	ඟ

අටුව
කොස්ස
සිවිලිම
තිර
දොර
වැට
උළුන්
බිම
ගරාජ්
උයන
යතුරු
කුස්සිය
පහන
පුස්තකාලය
මිරර්
වහලය
කාමරය
ෂවර්
වෝල්
කවුළුව

31 - Physics

ස	ව	ය	අ	◌ං	ශ	◌ු	ත	ග	ව	ග	ශ	ර	ආ
ඝ	◌ූ	ව	ප	ඡ	ජ	ඔ	◌්	◌ු	◌ේ	ඥ	◌ෑ	ග	ඩ
න	ආ	ත	ඇ	ස	අ	ය	ව	ර	ග	◌ා	ප	ස	ඟ
ත	ආ	◌්	◌්	ඇ	ව	ත	ර	◌ු	ය	ත	ර	ප	◌්
◌්	ෆ	ක	ෆ	ර	ඬ	ය	ණ	ත	න	◌ි	ම	◌්	ණ
ව	ඵ	හ	ඉ	ඩ	ය	◌ා	ය	◌්	◌්	ත	◌ා	ර	ය
ය	න	ම	ද	ට	ෂ	බ	ත	ව	ය	◌්	න	ව	ඝ
ඳ	◌්	◌්	ව	◌ි	ශ	◌්	ව	ය	ෂ	ව	◌ු	◌ේ	ශ
ෂ	ජ	◌ු	ඳ	ඉ	ඬ	◌ං	ඇ	ව	◌්	ය	ජ	ග	ඉ
ය	◌ි	ච	ජ	ඹ	ඳ	ස	ඉ	ස	ට	ප	ක	ය	ඩ
ඝ	ම	ය	ආ	ඔ	හ	ඩ	ක	න	◌ි	ය	◌ා	ස	ර
අ	ණ	◌ු	ව	න	ර	◌ො	ට	◌්	ක	◌්	◌ෙ	ල	ඉ
ඉ	◌ෙ	අ	ව	◌ු	ල	◌්	ෆ	ඔ	ඡ	න	ච	හ	◌ෙ
ඟ	ත	ය	◌ෙ	බ	ම	හ	◌ා	ට	ඹ	ඔ	අ	ආ	හ

ත්වරණය
පරමානු
අවුල්
රසායනික
ඝනත්වය
ඉලෙක්ට්රෝන
එන්ජිම
සූත්රය
සංඛ්යාතය
ගෑස්

ගුරුත්වය
චුම්භකත්වය
මහා
අණුව
න්යෂ්ටික
අංශු
ඥාතිත්වය
වේගය
විශ්ව
ප්රවේගය

32 - Coffee

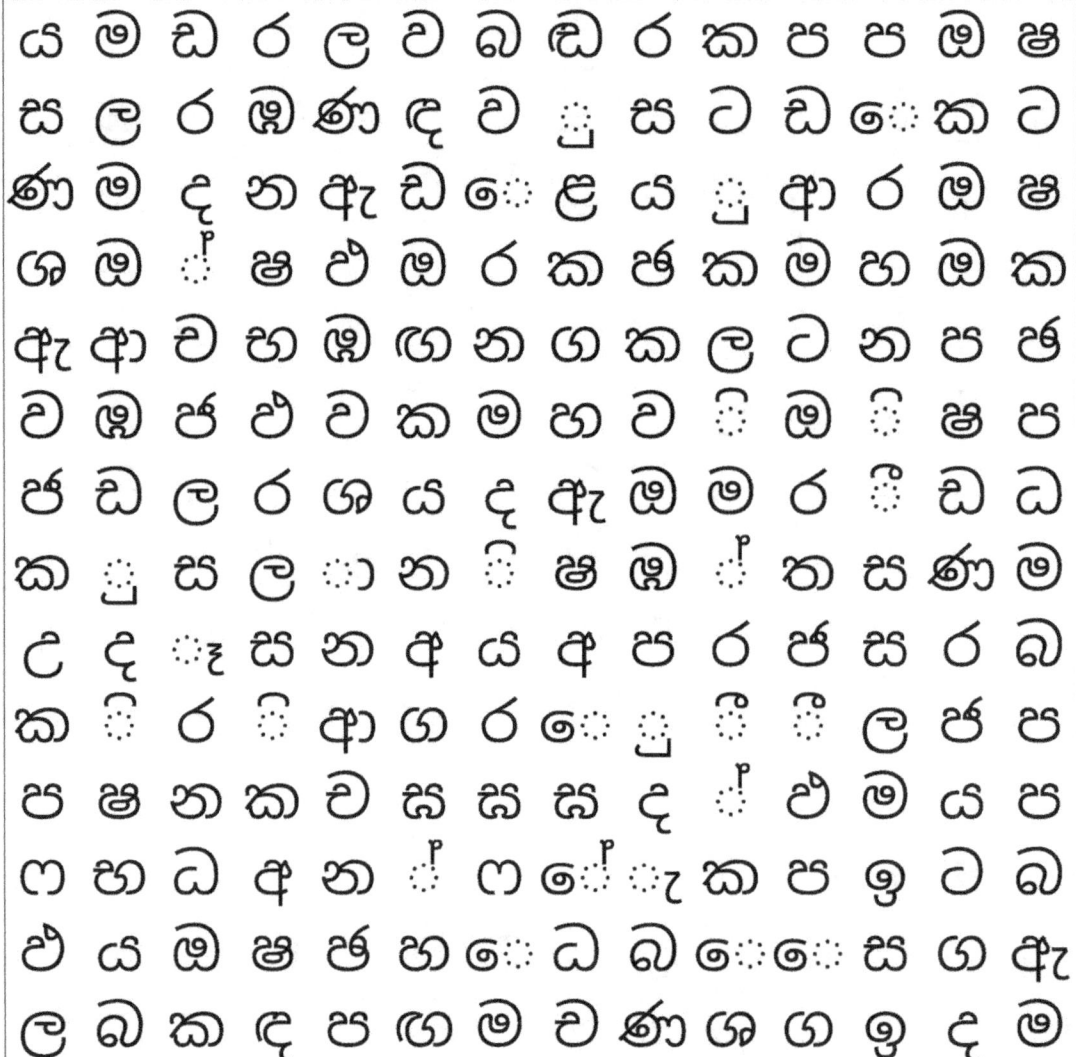

ය	ම	ඩ	ර	ල	ව	බ	ඬ	ර	ක	ප	ප	ඔ	ෂ
ස	ල	ර	ඹ	ණ	ඳ	ව	◌ු	ස	ට	ඩ	◌ෙ	ක	ට
ණ	ම	ද	න	ඇ	ඩ	◌ෙ	ළ	ය	◌ු	ආ	ර	ඔ	ෂ
ශ	ඔ	◌්	ෂ	ඵ	ඔ	ර	ක	ඡ	ක	ම	හ	ඔ	ක
ඇ	ආ	ච	හ	ඹ	ඟ	න	ග	ක	ල	ට	න	ප	ඡ
ව	ඹ	ජ	ඵ	ව	ක	ම	හ	ව	◌ි	ඔ	◌ි	ෂ	ප
ජ	ඩ	ල	ර	ශ	ය	ද	ඇ	ඔ	ම	ර	◌ී	ඩ	ධ
ක	◌ු	ස	ල	◌ා	න	◌ි	ෂ	ඹ	◌්	ත	ස	ණ	ම
උ	ද	◌ෑ	ස	න	අ	ය	අ	ප	ර	ජ	ස	ර	බ
ක	◌ි	ර	◌ි	ආ	ග	ර	◌ෙ	◌ු	◌ී	◌ී	ල	ජ	ප
ප	ෂ	න	ක	ච	භ	භ	භ	ද	◌්	ඵ	ම	ය	ප
ෆ	හ	ධ	අ	න	◌්	ෆ	◌ේ	◌ැ	ක	ප	ඉ	ට	බ
ඵ	ය	ඔ	ෂ	ඡ	හ	◌ෙ	ධ	බ	◌ෙ	◌ෙ	ස	ග	ඇ
ල	බ	ක	ඳ	ප	ඟ	ම	ච	ණ	ශ	ග	ඉ	ද	ම

සුවඳ
කටුක
කළු
කැෆේන්
ක්‍රීම්
කුසලාන
පෙරහන
රසය
ඇඹරීමට
දියර
කිරි
උදෑසන
සම්භවය
මිල
බැදපු
සීනි
ජලය

33 - Colors

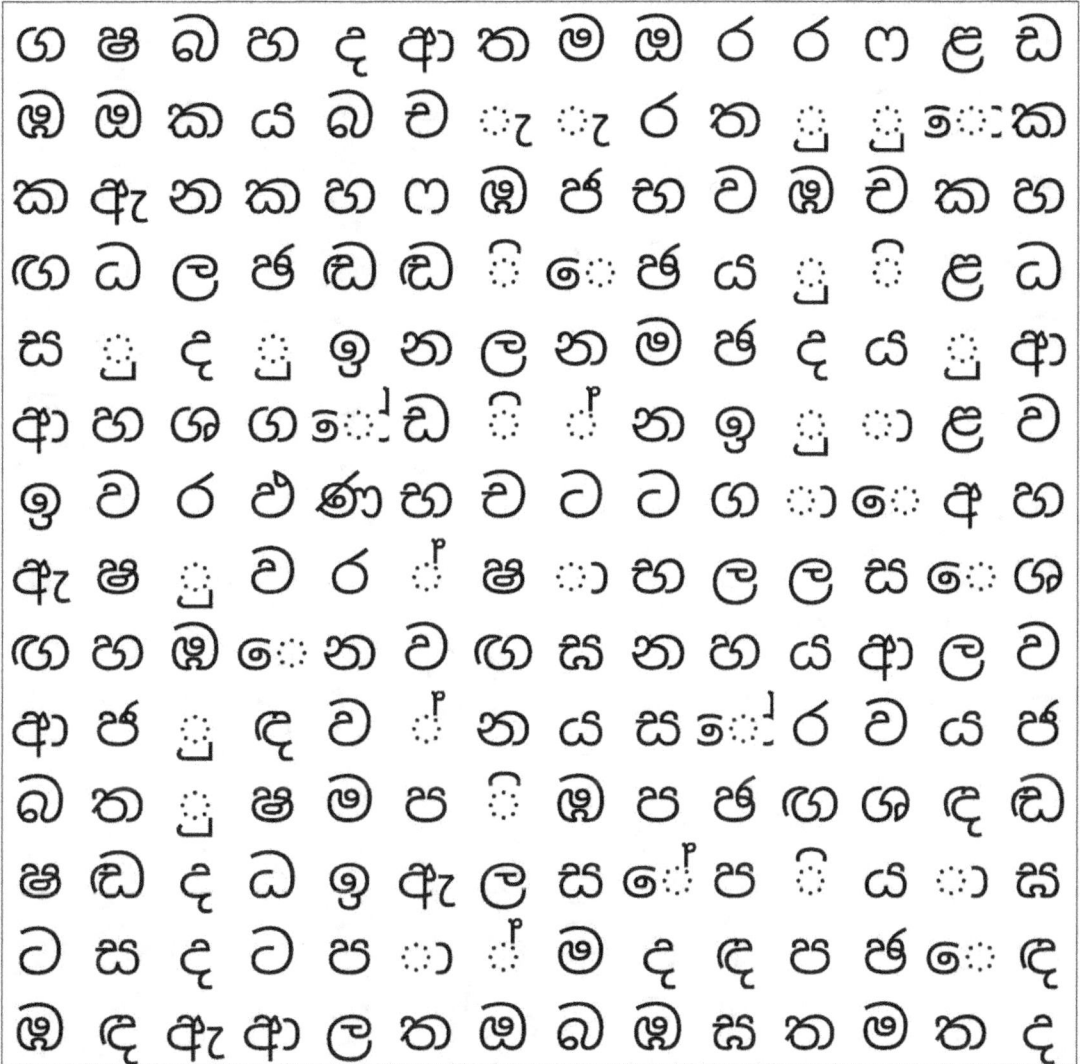

ග	ෂ	බ	හ	ද	ආ	ත	ම	ඹ	ර	ර	ෆ	ළ	ඩ
ඹු	ඹ	ක	ය	බ	ච	ැ	ැ	ර	ත	ු	ු	ො	ක
ක	ඇ	න	ක	හ	ෆ	ඹු	ජ	හ	ව	ඹු	ච	ක	හ
ඟ	ධ	ල	ඡ	ඬ	ඬ	ි	ෙ	ඡ	ය	ු	ි	ළ	ධ
ස	ු	ද	ු	ඉ	න	ල	න	ම	ඡ	ද	ය	ු	ආ
ආ	හ	ශ	ග	ෝ	ඩ	ි	්	න	ඉ	ු	ා	ළ	ව
ඉ	ව	ර	ඵ	ණ	හ	ච	ට	ට	ග	ා	ෙ	අ	හ
ඇ	ෂ	ු	ව	ර	්	ෂ	ා	හ	ල	ල	ස	ෙ	ශ
ඟ	හ	ඹු	ෙ	න	ව	ඟ	ඝ	න	හ	ය	ආ	ල	ව
ආ	ජ	ු	ඳ	ව	්	න	ය	ස	ෝ	ර	ව	ය	ජ
බ	ත	ු	ෂ	ම	ප	ි	ඹු	ප	ඡ	ඟ	ශ	ඳ	ඬ
ෂ	ඬ	ද	ධ	ඉ	ඇ	ල	ස	ේ	ප	ි	ය	ා	ඝ
ට	ස	ද	ට	ප	ා	්	ම	ද	ඳ	ප	ඡ	ෙ	ඳ
ඹු	ඳ	ඇ	ආ	ල	ත	ඹ	බ	ඹු	ඝ	ත	ම	ත	ද

ඇෂුවර්
ලා දුඹුරු
කළු
නිල්
දුඹුරු
සයන්
ෆුචියා
කොළ
අළු
ඉන්ඩිගෝ
මැජෙන්ටා
තැඹිලි
රෝස
දම් පාට
රතු
සේපියා
වයලට්
සුදු
කහ

34 - Shapes

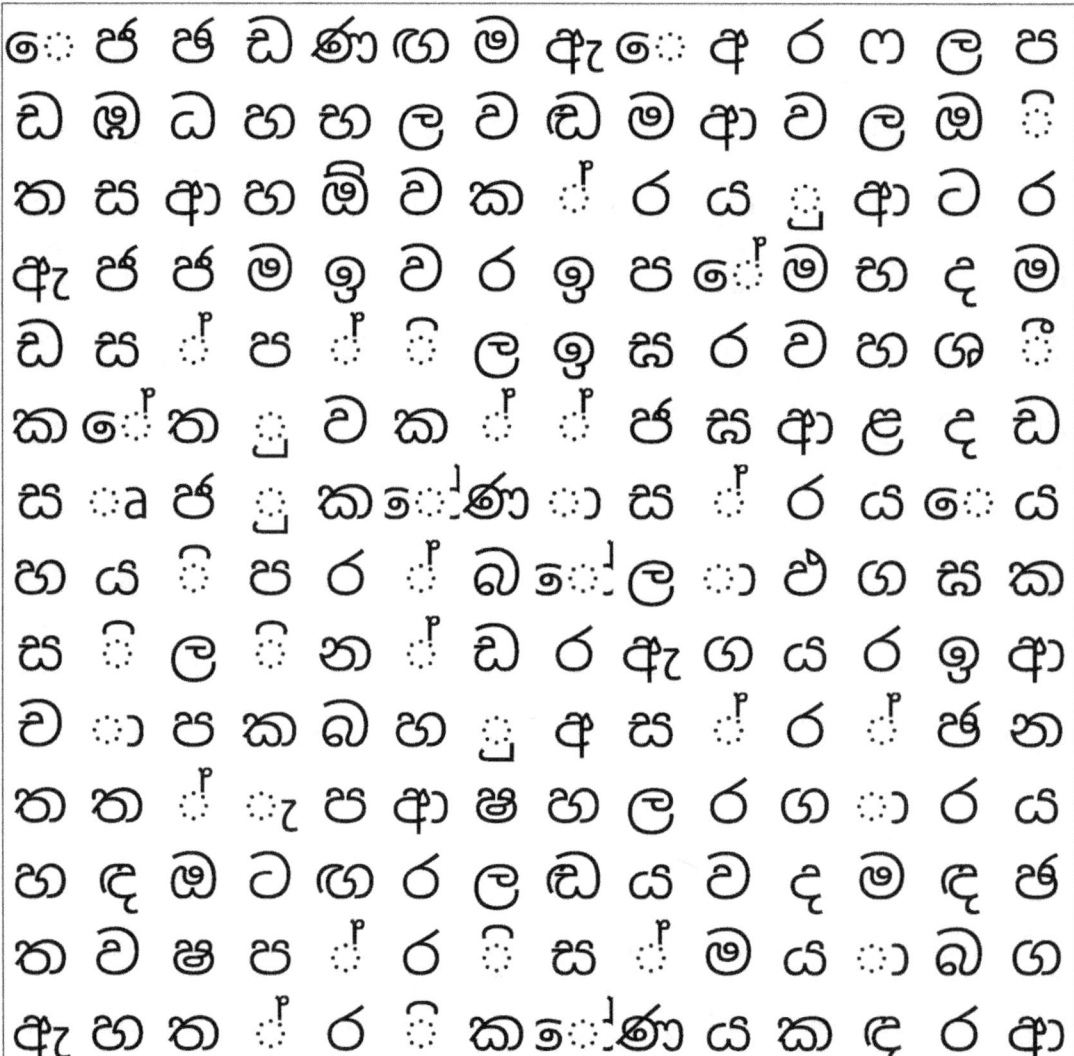

ෙ	ජ	ජ	ඩ	ණ	ශ	ම	ඇ	ෙ	අ	ර	ෆ	ල	ප
ඩ	ඹ	ධ	හ	හ	ල	ව	ඬ	ම	ආ	ව	ල	ඹ	ි
ත	ස	ආ	හ	ඕ	ව	ක	්	ර	ය	ු	ආ	ට	ර
ඇ	ජ	ජ	ම	ඉ	ව	ර	ඉ	ප	ේ	ම	හ	ද	ම
ඩ	ස	්	ප	්	ි	ල	ඉ	ඝ	ර	ව	හ	ශ	ී
ක	ේ	ත	ු	ව	ක	්	්	ජ	ඝ	ආ	ළ	ද	ඩ
ස	ෘ	ජ	ු	ක	ෝ	ණ	ා	ස	්	ර	ය	ෙ	ය
හ	ය	ි	ප	ර	්	බ	ෝ	ල	ා	ඵ	ග	ඝ	ක
ස	ි	ල	ි	න	්	ඩ	ර	ඇ	ග	ය	ර	ඉ	ආ
ච	ා	ප	ක	බ	හ	ු	අ	ස	්	ර	්	ඡ	න
ත	ත	්	ැ	ප	ආ	ෂ	හ	ල	ර	ග	ා	ර	ය
හ	ඳ	ඔ	ට	ශ	ර	ල	ඬ	ය	ව	ද	ම	ඳ	ඡ
ත	ව	ෂ	ප	්	ර	ි	ස	්	ම	ය	ා	බ	ග
ඇ	හ	ත	්	ර	ි	ක	ෝ	ණ	ය	ක	ඳ	ර	ආ

චාප
රවුම
කේතුවක්
කෙළවරේ
කැට
වක්රය
සිලින්ඩර
දාර
ඉලිප්ස්
හයිපර්බෝලා
මාර්ගය
ඕවල්
බහුඅස්ර
ප්රිස්මය
පිරමීඩය
සෘජුකෝණාස්රය
පැත්ත
වර්ග
ත්රිකෝණය

35 - Scientific Disciplines

ප	ශ	ර	ඟ	ඹ	ද	ට	ෆ	ච	අ	ග	ප	උ	◌ෙ
ම	ර	ශ	ඹ	ඟ	ඡ	ම	ඩ	ඹ	ණ	ත	◌ු	ද	හ
ස	◌ෙ	◌ි	ද	බ	ක	ච	ඵ	ඥ	ද	◌ි	ර	◌්	◌ු
ය	න	ය	ස	◌ා	ර	ව	◌ෛ	ජ	ඉ	ව	◌ා	හ	ව
ප	බ	◌ෛ	◌ෝ	ර	ට	ය	◌ෙ	ළ	ය	◌ි	ව	◌ි	◌ි
ඩ	◌ේ	ට	න	ෂ	ව	ෆ	ස	ජ	ඉ	ද	◌ි	ද	ද
ඥ	ඩ	ෂ	ෂ	ක	ඹු	◌ි	ස	ඉ	හ	◌්	ද	ව	◌්
ම	ක	ජ	ණ	ව	ද	ෂ	ද	ළ	ඟ	ය	◌්	◌ි	ය
ක	අ	හ	ප	ය	ආ	ප	ඩ	◌්	ස	◌ා	ය	ද	◌ා
ඵ	බ	ඬ	න	ආ	ත	ය	බ	ඝ	ය	ව	◌ා	◌්	ව
ජ	ව	ය	◌ා	ද	◌්	ව	◌ි	ග	◌්	◌ා	ව	ය	ට
බ	න	◌ි	ජ	ව	◌ි	ද	◌්	ය	◌ා	ව	ව	◌ා	ණ
ර	ස	◌ා	ය	න	ව	◌ි	ද	◌්	ය	◌ා	ව	ප	ච
ජ	◌ී	ව	ව	◌ි	ද	◌්	ය	◌ා	ව	ය	ත	ඡ	න

පුරාවිද්‍යාව
ජෛව රසායනය
ජීව විද්‍යාව
උද්භිද විද්‍යා
රසායන විද්‍යාව
පරිසර විද්‍යාව
භූ විද්‍යාව
ගතිවිද්‍යාව
වාග් විද්‍යාව
ඛනිජ විද්‍යාව
පෝෂණය
රොබෝ

36 - Science

ම	ග	ක	ච	ඥ	ආ	ද	ජ	ව	ස	අ	ල	ස	ර
ච	ඟ	හ	ඛ	ඝ	ශ	ඇ	ී	ි	ඩ	ං	ඟ	්	ල
ණ	ඛ	න	ඛ	ය	ෆ	ධ	ව	ද	ව	ශ	ච	ව	ස
ක	න	ි	ය	ා	ස	ර	ි	්	හ	ු	න	හ	ි
ඝ	ඹ	ජ	ර	න	ඥ	හ	ය	ය	ඹ	ඵ	ෆ	ා	ො
ද	ේ	ශ	ග	ු	ණ	ය	ා	ා	ෆ	ත	ෆ	ව	ප
ඝ	ට	ට	ා	ා	ණ	ඥ	ඥ	ඤ	ට	හ	්	ය	ැ
ඇ	ත	ට	න	ම	න	අ	ව	ද	ජ	න	ඉ	ත	ල
ච	ඹ	ඇ	ා	ර	ර	ය	ම	ණ	ා	ි	ර	ප	ද
ඛ	ෆ	ත	ය	ප	ෆ	ණ	ෂ	ක	්	ර	ී	ි	න
න	ඬ	්	ා	ග	ු	ර	ු	ත	්	ව	ය	්	ඝ
ි	ව	ත	ස	ක	්	ර	ම	ය	ය	ඵ	ඡ	ල	ව
ජ	ක	ප	ර	ශ	ඟ	ජ	ෙ	ඩ	ණ	ෂ	ජ	ක	ඝ
හ	ෞ	ත	ි	ක	ව	ි	ද	්	ය	ා	ව	ඩ	ව

පරමානු
රසායනික
දේශගුණය
දත්ත
පරිණාමය
ඇත්ත
පොසිල
ගුරුත්වය
කල්පිතය
රසායනාගාරය
ක්රමය
ඛනිජ
අණු
ස්වභාවය
නිරීක්ෂණ
ජීවියා
අංශු
භෞතික විද්යාව
පැල
විද්යාඥ

37 - Beauty

ර	බ	ම	ස	ස	ග	ඝ	ස	ර	ඟ	හ	ක	ෂ	ශ
ත	ධ	ඩ	◌ේ	◌ු	හ	ඵ	ඵ	◌ු	ඡ	ච	◌ා	◌ැ	ග
ස	◌ෙ	ඳ	ව	න	ල	ට	ය	◌ු	ව	ඟ	න	ම	ද
◌්	ඹ	ල	◌ා	◌්	ත	ක	ඇ	ත	ඬ	ඳ	◌්	◌්	අ
◌ෝ	ඉ	ඳ	◌්	ද	ඝ	අ	ධ	ක	ත	ධ	ත	ප	ආ
ම	ව	ච	ක	ර	ශ	ඣ	ල	◌ෙ	ඣ	ෂ	◌ි	◌ු	ර
න	ඝ	ඉ	ඟ	ය	ර	ක	◌ා	◌ං	ල	අ	ය	ව	ම
ඡ	ෆ	ල	ඩ	◌ි	ෂ	ඝ	ෆ	ත	ක	ඹ	ක	ර	◌ි
ව	◌ි	ල	ව	◌ු	න	◌්	ජ	ධ	ර	◌ා	◌්	◌්	ර
න	◌ි	ෂ	◌්	ප	◌ා	ද	න	ධ	ෆ	ග	ර	ණ	ර
ක	◌ැ	ර	ල	◌ි	ම	ස	◌්	ක	◌ා	ර	◌ා	ය	◌්
ල	◌ි	ප	◌්	ස	◌්	ට	◌ි	ක	◌්	ස	ණ	ශ	ෂ
ග	◌්	ර	◌ේ	ස	◌්	ත	අ	ඬ	ස	ම	ෆ	ම	ක
◌ෙ	ජ	ණ	බ	ෆ	හ	ය	ර	ජ	ඇ	ප	ඹ	හ	ස

කාන්තියක්
වර්ණ
විලවුන්
කැරලි
අලංකාරය
අලංකාර
සුවඳ
ග්‍රේස්
ලිප්ස්ටික්
මස්කාරා
මිරර්
තෙල්
සුන්දරයි
නිෂ්පාදන
කතුරු
සේවා
ෂැම්පු
සම
මෝස්තර

38 - Clothes

ප	න	ක	ඝ	ශ	ඟ	බ	ස	ග	හ	ඉ	හ	ධ	ය
අ	◌ි	ඟ	බ	ක	ග	ඹ	ප	ඔ	හ	ණ	ඉ	ඟ	ඵ
ත	ත	ජ	ත	◌ා	ඵ	ඝ	ත	ශ	ග	ක	ග	ට	ඳ
◌්	◌ො	ම	◌ා	ෂ	ය	ජ	◌්	ස	◌ා	ය	ක	◌්	ත
ව	ප	ධ	ස	ම	ර	ස	ත	බ	ද	ර	ව	ක	ශ
◌ැ	◌්	අ	◌ි	◌ු	◌ා	◌්	◌ු	◌ෙ	ඇ	◌ී	ස	◌ැ	අ
ස	ප	ම	ල	ඳ	බ	ව	ට	ය	ණ	ත	ව	ජ	◌ං
◌ු	◌ි	◌ා	◌ා	ඇ	ස	◌ු	න	◌්	හ	ව	◌ා	ප	ග
ම	ය	ල	◌ි	ග	ක	ල	◌ි	ස	ම	◌්	ඇ	ඉ	න
◌්	ඝ	ය	ව	ඡ	අ	◌්	ස	◌්	හ	◌ා	ව	ය	ය
ෆ	ෂ	ක	ව	ඇ	හ	බ	ක	ක	ඔ	බ	ක	ව	ඔ
ම	ඇ	◌්	ස	◌්	ව	ර	◌්	ණ	◌ා	හ	ර	ණ	ඡ
ඩ	◌ෙ	න	◌ි	ම	◌්	ද	◌ෙ	ණ	ස	ඟ	ඔ	ට	හ
ස	◌්	ව	◌ී	ට	ර	◌්	ද	ඹ	බ	න	ව	ඵ	ම

අංගනය
තීරය
බ්ලවුස්
කබාය
ඇඳුම
විලාසිතා
අත්වැසුම්
තොප්පිය
ජැකට්
ඩෙනිම්
ස්වර්ණාහරණ
මාලයක්
පිජාමා
කලිසම්
පාවහන්
ස්හාවය
ෂර්ට්
සපත්තු
සායක්
ස්වීටර්

39 - Ethics

ශ	ශ	ම	ස	හ	ය	ෝ	ග	ී	ත	ා	ව	ද	ථ
ප	ු	ඩ	න	ග	ර	ු	ත	්	ව	ය	ධ	ජ	ය
ර	ප	හ	ඩ	ු	ආ	ග	ෞ	ර	ව	න	ී	ය	ද
ා	ු	ඬ	ව	ද	ෂ	අ	ඛ	ණ	්	ඩ	ත	ා	ව
ර	ද	ව	ඥ	ා	ර	්	ප	බ	ත	ශ	ඹ	ච	ා
්	්	ෙ	හ	ඹ	ද	ෆ	ය	න	ශ	්	ර	ද	ථ
ථ	ග	අ	ශ	ඟ	ච	ය	ඵ	ත	න	ඝ	ඉ	ඉ	ර
ක	ල	ඉ	ව	ය	ර	ඹ	ස	ආ	්	ල	ඵ	ඇ	්
ා	ව	ව	බ	ං	ව	ඬ	ට	ල	ය	ව	ඟ	ඉ	ා
ම	ා	ස	ධ	ල	ක	හ	ච	ද	ස	ඉ	ය	බ	ථ
ය	ද	ී	බ	ආ	ඡ	ක	ස	ා	ධ	ා	ර	ණ	ය
හ	ය	ම	ස	අ	ච	ල	ම	ක	ර	ු	ණ	ා	ව
අ	න	ු	ක	ම	්	ප	ා	ව	අ	ෆ	න	ෂ	ආ
ත	ා	ර	්	ක	ි	ක	ත	්	ව	ය	ඇ	ආ	ව

පරාර්ථකාමය
අනුකම්පාව
සහයෝගීතාව
ගරුත්වය
අවංකකම
මනුෂ්‍යත්වය
පුද්ගලවාදය
අඛණ්ඩතාව
කරුණාව
ශුභවාදය
ඉවසීම
දර්ශනය
තාර්කිකත්වය
යථාර්ථවාදය
සාධාරණ
ගෞරවනීය
ප්‍රඥාව

40 - Insects

ම	බ	ක	ර	අ	ඩ	ස	ෂ	ක	ඒ	ඒ	ඉ	ෆ	ධ
◌ැ	ත	ය	◌ු	අ	◌්	ප	ල	◌ී	ම	ඬ	ඳ	හ	◌ෙ
න	◌්	◌ි	ඳ	ඩ	ව	ඉ	◌ේ	ට	◌්	න	◌ෙ	◌ෝ	හ
◌්	ක	ක	ප	ආ	◌ි	හ	ඩ	ය	ආ	◌ි	ක	ක	ක
ට	◌ූ	ය	◌ු	බ	◌ේ	◌ං	◌ි	න	ද	◌ේ	ශ	ක	බ
◌ි	ර	◌ා	ශ	ර	ඬ	ආ	බ	◌්	ෆ	◌ා	ඝ	ධ	ඹ
ස	◌ා	ද	ආ	ඒ	◌ු	ඡ	ග	ඝ	ෆ	ය	ධ	ක	ර
◌්	ග	ල	ෆ	ණ	ස	ම	◌්	ම	ව	ස	ඹ	ඉ	ර
ඉ	◌ේ	ප	න	හ	ඹ	ත	◌ි	ධ	ද	ප	ද	◌ි	ක
ශ	ස	අ	ව	◌ේ	ය	න	◌්	ණ	ක	◌ු	ද	ස	ඳ
ආ	න	◌ා	ය	බ	ල	ස	ස	ග	◌ි	ඡ	ර	ආ	ල
ප	ණ	◌ු	ව	◌ා	අ	ආ	ම	න	ට	ය	හ	◌ු	ණ
ෂ	ව	ප	ච	ෂ	ද	අ	න	ට	ආ	ම	◌ා	ඬ	ත
◌ෙ	ඬ	ම	ම	න	අ	ශ	ල	න	ඝ	ම	ල	ජ	ඒ

ආනා
කුඩිං
මී.
කුරුමිණියා
සමනල
සයා◌ේනි
ඬේවිඩ්
බත්කූරාගේ
පදික
අපලදායකයි
හෝනෙට්
ලේඩිබග්
කීටයන්
මැන්ටිස්
මදුරු
සලබයා
වේයන්
බඹර
පණුවා

41 - Astronomy

න	ස	හ	අ	ෆ	ප	ඹ	ර	ක	ත	ඳ	ස	ව	න
ශ	◌ි	◌ා	ර	ය	◌ො	ඹ	◌ො	◌ො	◌ා	ව	◌ු	හ	◌ි
න	ක	හ	ව	ක	ළ	න	ක	ස	ර	න	ර	උ	ර
ජ	◌්	ල	◌ා	හ	◌ො	ර	ට	◌්	ක	◌්	◌්	ල	◌ී
ට	ල	ඇ	න	ර	ව	ෆ	◌්	ම	◌ා	ද	ය	◌්	ක
ඳ	◌ැ	ෆ	◌ෝ	◌්	◌ි	ය	ම	◌ො	ව	◌්	ග	ක	◌්
ණ	◌ැ	ධ	ර	ග	බ	ක	◌ී	ස	◌ි	ර	◌්	◌ා	ෂ
ර	ග	භ	◌්	ට	ත	ල	◌ා	◌්	ද	◌ි	ර	ප	ණ
ක	ත	ඹ	ප	ල	හ	◌ෝ	ග	ව	◌්	ක	හ	◌ා	◌ා
◌ි	ෂ	හ	◌ු	ඩ	හ	හ	න	ආ	ය	◌ා	ණ	ත	ග
◌ි	ග	ඟ	ස	ඩ	ය	ර	ග	ප	◌ා	ය	ය	ර	◌ා
ව	◌ි	ෂ	◌ු	ව	ය	◌්	ග	ට	ඥ	ඝ	ව	ඉ	ර
ව	ඵ	ට	ව	ක	ඩ	ග	බ	ඝ	ඹ	ප	භ	ක	ය
ත	◌ා	ර	ක	◌ා	ම	ණ	◌්	ඩ	ල	ය	ව	ම	ෆ

ග්‍රහකය
ගගනගාමී
තාරකා විද්‍යාඥ
තාරකා මණ්ඩලය
කොස්මොස්
පොළොව
සූර්යග්‍රහණය
විෂුවය
ගැලැක්සි
උල්කාපාත
සඳ
නිහාරිකාව
නිරීක්ෂණාගාරය
ග්‍රහලෝකය
විකිරණ
රොකට්
චන්ද්‍රිකා
අහස
සුපර්නෝවා
රාශි

42 - Health and Wellness #2

ස	ය	ච	ි	ර	ු	ර	ා	හ	ආ	ච	ප	ම	ප
අ	ෞ	අ	ශ	ෝ	ඝ	බ	ර	ේ	ය	ය	්	ා	ෝ
ස	ට	ඛ	ෂ	ග	ල	හ	ග	ල	ච	ධ	ර	න	ෂ
ා	ජ	ධ	්	ය	ඳ	ව	ඟ	හ	හ	ල	ත	ස	ණ
ත	ව	අ	ස	ය	ව	හ	ා	ෝ	න	ම	ි	ි	ය
්	ඝ	ට	ම	න	ස	ඝ	ආ	ර	ශ	ඩ	ස	ක	බ
ම	ඩ	ක	්	ල	න	ම	ඡ	ඳ	ඹ	ඩ	ා	ආ	ල
ි	ජ	ැ	බ	ජ	ච	්	්	ෙ	ප	ච	ධ	ත	ශ
ක	න	ල	ා	ි	ඝ	ඝ	ම	ප	හ	ම	න	ත	ක
ත	න	ර	හ	ව	ඞ	ච	ත	ි	න	ආ	ය	ි	්
ා	ද	ි	න	ඹු	ප	ග	ෆ	ෙ	ට	්	හ	ය	ත
ජ	ා	න	ව	ි	ද	්	ය	ා	ච	ි	න	ා	ි
ච	ස	න	ී	ප	ා	ර	ක	්	ෂ	ා	ච	ත	ර
ඉ	ආ	ක	ක	ට	ජ	ය	ඟ	ච	ම	ත	ෆ	ද	හ

අසාත්මිකතා
ආහාර රුචිය
ලේ
කැලරි
විජලනය
ආහාර
රෝගය
බලශක්ති
ජාන විද්‍යාව
සෞඛ්‍ය සම්පන්න
රෝහල
සනීපාරක්ෂාව
ආසාදන
සම්බාහන
මනෝභාවය
පෝෂණය
ප්‍රතිසාධනය
මානසික ආතතිය
විටමින්
බර

43 - Time

ම	ෙ	ධ	ද	ද	ෂ	ණ	ක	ඟ	න	ඟ	ව	ක	ද
ු	හ	ට	අ	ශ	ද	න	ර	ී	ත	්	ා	ර	ි
ල	ප	ෙ	ර	අ	ක	ව	ස	ු	ෝ	ල	ර	ඔ	න
්	අ	හ	හ	න	ෆ	ය	ද	ැ	න	්	්	උ	ද
ධ	ආ	හ	ස	ා	ව	හ	ග	ක	ි	ල	ෂ	ද	ස
ප	ැ	ය	ද	ග	ච	ි	ෙ	ත	ද	ව	ි	ෑ	ු
ට	ස	ේ	ෂ	ත	ඉ	ම	න	ත	බ	හ	ක	ස	න
ඵ	ඝ	ි	ඉ	ය	ඳ	ක	ෆ	ා	ශ	ද	ඝ	න	ග
ෂ	ඩ	ත	ඵ	ඟ	ඳ	ප	්	ඹ	ඩ	ඹ	ශ	බ	ඡ
න	ෂ	ස	ව	ය	ි	ස	ආ	ම	ල	ි	හ	ම	ත
ෙ	ච	බ	ස	ෂ	ඡ	ජ	ෙ	ර	න	අ	අ	ා	බ
ඬ	ස	ෆ	ද	්	ඩ	ප	ආ	ව	ර	ි	ශ	ස	ස
ණ	ච	ස	ණ	ර	ඳ	ග	ණ	ආ	ඳ	ජ	න	ය	ස
ඡ	අ	ද	න	ව	ජ	හ	ෂ	ඟ	ෆ	ත	ප	්	ජ

වාර්ෂික
පෙර
දින දසුන
සියවස
ඔරලෝසුව
දින
දශකය
මුල්
අනාගතය
පැය
විනාඩි
මාසය
උදෑසන
රාත්‍රී
දහවල්
දැන්
ඉක්මනින්
අද
සතියේ
වර්ෂය

44 - Buildings

ර	ක	අ	ඬ	ල	ප	ව	◌ි	◌ො	ග	ඩ	අ	ශ	ක
ණ	ස	◌ු	ශ	බ	ඟ	◌ා	ඇ	ර	ඩ	ප	ඡ	◌ෞ	◌ෟ
ත	හ	◌ා	ළ	හ	ල	◌්	ස	◌ා	ක	ත	හ	ශ	ත
ද	ආ	ව	ය	◌ු	ර	◌ං	ග	ල	ම	ල	ඳ	ස	◌ු
ර	ඩ	අ	බ	න	ණ	ආ	අ	ඝ	◌්	ඳ	ල	◌ි	ක
ක	ඹ	ශ	ස	ව	◌ා	න	◌ි	◌්	ල	හ	ම	න	◌ා
න	◌ි	ව	ස	න	බ	ග	ච	හ	ක	ක	ග	ම	ග
◌්	ඹ	බ	ඳ	ල	ඹ	ය	◌ා	ෂ	ෆ	◌ූ	ර	◌ා	◌ා
◌ා	ඹ	ල	ඡ	ක	ඹ	ප	◌ෙ	ර	ඝ	ඩ	◌ා	ර	ර
බ	ප	හ	◌ෝ	ට	ල	◌්	ණ	ල	ය	◌ා	ජ	◌ෝ	ය
ක	◌්	ර	◌ී	ඩ	◌ා	◌ං	ග	න	ය	ර	◌්	හ	ඡ
ව	◌ැ	ඩ	ම	◌ු	ළ	◌ු	ව	න	ඟ	ම	ච	ල	න
න	◌ේ	ව	◌ා	ස	◌ි	ක	◌ා	ග	◌ා	ර	ය	ත	ම
න	◌ි	ර	◌ී	ක	◌්	ෂ	ණ	◌ා	ග	◌ා	ර	ය	ත

මහල් නිවාස
බාන්
කාසල්
සිනමා
ගොවිපල
ගරාජ්
රෝහල
නේවාසිකාගාරය
හෝටල්
නිවස
රසායනාගාරය
කෞතුකාගාරය
නිරීක්ෂණාගාරය
පාසල්
ක්‍රීඩාංගනය
කූඩාරම
රංග
කුළුණ
වැඩමුළුව

45 - Philanthropy

ඉ	හ	ෙ	ඩ	න	ජ	හ	ම	ඝ	ග	ත	ස	ච	ම
ඉ	ල	අ	ව	ශ	්	ය	්	ු	අ	ෝ	ධ	ර	ය
ත	ම	ක	ක	ං	ව	අ	ය	ණ	ල	බ	ල	ඝ	හ
ි	ව	න	්	හ	ට	ස	ඩ	ැ	ව	්	ග	ී	ජ
හ	ණ	ධ	ර	ක	ස	ව	ා	ස	ා	ශ	ය	බ	ය
ා	ඝ	ජ	ෂ	ෂ	ම	ඩ	්	ච	ත	ග	ෝ	ඝ	ට
ස	ත	ර	ු	ණ	්	ණ	ණ	ඵ	න	ඬ	ි	ධ	ෙ
ය	ල	ස	ශ	ග	බ	ඹ	ක	ස	ජ	ඬ	හ	ඵ	ඳ
ර	ල	ජ	ඹ	ආ	න	්	ව	ු	ර	ද	අ	ඝ	ර
ව	ස	ද	ඉ	ඵ	්	අ	ර	ම	ු	ද	ල	්	හ
හ	අ	ඵ	ඇ	ණ	ධ	හ	හ	ස	ම	ඇ	ධ	ඵ	ග
ෙ	ෆ	ඳ	ඹ	ඬ	ත	බ	බ	ෂ	ෆ	ඇ	ඝ	ත	ෙ
ෙ	න	ද	ව	ජ	ා	ර	්	ප	ඇ	ෙ	ඇ	ඹ	ච
ම	න	ු	ෂ	්	ය	ත	්	ව	ය	ඳ	ෂ	ප	ඇ

අභියෝග
දරුවන්
ප්‍රජාව
සම්බන්ධතා
මූල්‍ය
අරමුදල්
ගෝලීය
ඉලක්ක
කණ්ඩායම්
ඉතිහාසය
අවංකකම
මනුෂ්‍යත්වය
මෙහෙවර
අවශ්‍ය
ජනතාව
වැඩසටහන්
මහජන
තරුණ

46 - Gardening

ෙ	ඩ	ශ	ග	ස	ඔ	හ	ඉ	ත	ණ	ච	ඡ	ව	ෆ
ඇ	න	ඹ	ශ	ණ	ත	බ	ය	හ	ඔ	ඬ	ප	ය	ඡ
ඵ	ව	ධ	න	ග	ය	ශ	ී	ද	ේ	ි	ව	ෂ	හ
ක	්	ඹ	ළ	ක	්	ල	ම	ජ	ල	ෙ	ත	ද	උ
ද	ප	ඡ	ඟ	ි	ට	හ	ආ	ට	ඵ	ෆ	ක	ෆ	ද
ජ	ේ	ම	අ	ය	ර	ණ	ෝ	්	ර	ඩ	ය	ෆ	්
ල	ඉ	ශ	හ	න	න	ර	ද	ස	ත	ණ	න	උ	හ
ය	ඉ	ඳ	ග	ව	හ	ෆ	ම	්	්	ල	ම	ඩ	ි
ය	ය	ම	ත	ු	ෘ	ස	ණ	ප	ප	ඬ	ත	ව	ද
ඇ	ශ	ග	ච	ර	ණ	ධ	ප	ෝ	ක	හ	ෙ	ැ	ඬ
බ	ට	ඬ	ම	ව	ු	ය	ශ	ම	ා	අ	ත	ඩ	ග
ඳ	ඳ	ඹ	ච	ස	ු	ක	ව	්	ශ	ග	ස	ි	න
ම	ල	ණ	ළ	ො	ක	ත	ද	ො	හ	ඔ	ඇ	ය	ධ
ඟ	ෂ	ච	ඳ	ණ	ආ	ඳ	ය	ක	අ	ජ	ෂ	ා	හ

මල
උද්භිද
මල් කළඹක්
දේශගුණය
කොම්පෝස්ට්
රුවනයකි
කූණු
විදේශීය
මල්
ශාක පත්‍ර
හෝස්
කොළ
තෙතමනය
උඩවැඩියා
සෘතුමය
බීජ
ජලය

47 - Herbalism

ඩ	ඝ	ග	බ	ක	අ	ට	ට	◌්	න	◌්	◌ි	ම	හ
ප	ක	ඬ	◌ැ	න	ෙ◌ා	ධ	◌ැ	ඩ	ල	ල	හ	හ	ප
ඉ	ට	ශ	ස	ක	ඝ	ළ	ර	අ	◌ැ	ම	බ	ස	◌්
අ	◌ි	ජ	◌ි	ස	ඝ	බ	ග	බ	ප	ල	ව	ප	ර
ම	ම	ඩ	ල	ර	◌්	ඩ	න	◌්	ව	ෙ◌	◌ැ	ල	ය
◌ා	◌ැ	◌ු	◌්	ක	ම	ත	◌්	ණ	◌ා	◌ු	ග	ස	ෙ◌ෝ
ජ	ෙ◌ෝ	හ	ද	ක	◌ු	◌ං	ක	◌ු	ම	ඉ	ඩ	◌ු	ජ
ෙ◌ෝ	ර	ව	ෂ	◌්	ර	ෙ◌ෝ	ස	◌්	ම	ර	◌ී	ද	න
ර	ඇ	ර	ඩ	ය	ර	ෆ	ක	ච	බ	ෂ	අ	◌ු	ව
◌ා	ස	◌්	ඩ	ණ	◌ු	ව	බ	ජ	ව	ඹ	ෆ	ළ	ත
ම	ය	ණ	ශ	ෆ	◌ු	ෙ◌	◌්	න	බ	ච	ල	◌ූ	◌්
◌්	ෙ◌	න	ආ	ෆ	ද	ඉ	ක	ය	ස	ර	ජ	ණ	ඹ
ව	ධ	ය	ර	ආ	හ	ශ	ඬ	උ	ය	ෂ	ඵ	◌ු	න
ඉ	ඉ	ර	ඝ	ඩ	ම	බ	ක	ම	න	ඟ	ග	හ	ඇ

ඇරෝමැටික
බැසිල්
ප්රයෝජනවත්
මහදුරු
රසය
මල්
උයන
සුදුළූණු
කොළ
අමුද්රව්යය
ලැෙ◌වන්ඩර්
මාජෝරාම්
මින්ට්
පැල
ගුණාත්මක
රෝස්මරී
කුංකුම
ටැරගන්
වර්ණනය

48 - Vehicles

හ	ර	ත	ජ	ධ	ග	න	ප	ඹ	ට	ජ	ඇ	ට	ස
ට	◌ෙ	ප	◌ා	ප	◌ැ	ද	◌ි	ආ	ල	එ	ණ	◌ැ	බ
ම	◌්	ල	ඉ	ඟ	ශ	ප	ව	ර	ය	හ	එ	ක	◌්
◌ා	හ	ර	◌ි	ඕ	ල	ග	ට	ඳ	◌ෙ	ච	අ	◌්	ම
ල	ඇ	◌ු	◌ැ	ක	ඩ	ඡ	ය	ල	ට	ෂ	ඡ	ස	◌ැ
◌ා	හ	◌ා	ඉ	ක	◌ො	හ	ර	◌්	ට	◌ෝ	ම	◌ි	ර
ව	ඇ	ප	ග	න	◌්	ප	◌්	ම	ල	ව	ත	ඕ	◌ී
ක	ශ	අ	ව	ට	◌ු	ට	◌්	◌ෝ	බ	ල	ආ	ප	න
◌්	ණ	ආ	ල	එ	ව	ය	ර	ට	ක	◌ූ	◌්	ස	◌්
ර	බ	ස	◌්	ත	ට	ඝ	ක	◌්	ර	◌්	ට	ෂ	ස
ඹ	◌ො	ත	ආ	ෆ	ය	න	ය	◌ා	න	◌්	ව	◌ු	ග
හ	ඕ	ක	එ	න	◌්	ජ	◌ි	ම	ආ	ශ	ඝ	ය	ල
ඡ	ඡ	ශ	ට	ය	හ	ඩ	ම	◌ෝ	ට	ර	◌්	ර	ථ
ඬ	ව	ග	ර	◌්	ම	◌ා	◌ං	ම	උ	ඩ	ග	ඩ	ය

ගුවන් යානය
පාපැදි
බෝට්ටුව
බස්
මෝටර් රථ
තවලම්
එන්ජිම
පාරු
හෙලිකොප්ටර්
මෝටර්
මාලාවක්
රොකට්
ස්කූටරය
ෂටලය
සබ්මැරීන්
උමං මාර්ග
ටැක්සි
ටයර්
ට්රැක්ටර්
ට්රක්

49 - Flowers

ශ	ව	ව	ග	ඳ	ද	උ	ඩ	ඩ	ඩ	ව	ඕ	ආ	ඳ
ඳ	ශ	අ	ය	ද	ශ	ඩ	ද	ර	ඝ	ධ	ක	ෆ	ව
ය	◌ා	ර	◌ි	ම	ල	◌්	ප	◌්	ජ	ස	◌ි	ල	ප
ල	ක	◌්	ල	◌ැ	◌ි	ල	ආ	ව	ය	ස	ඩ	ත	ඔ
ජ	ෂ	ඩ	ත	ඵ	ය	ම	ඉ	ල	ෆ	◌ා	◌්	අ	ෂ
ප	◌ී	න	◌ි	ච	ෙ◌	ආ	ඉ	ෝ	ෂ	අ	න	ස	ල
◌ි	ර	◌්	ෙ◌	ඩ	ඳ	ඉ	ඵ	◌්	ඉ	බ	ඇ	ය	◌්
ො	ස	ව	ප	ඵ	ේ	අ	ෂ	ක	ඔ	ල	ඝ	ෙ◌	ම
ප	බ	ෙ◌	ඡ	ම	ද	ස	ණ	ල	ත	ඝ	ඡ	ඡ	ච
ඹ	ව	◌ැ	ර	බ	හ	ඩ	◌ි	ෆ	ඬ	ඬ	අ	ඩ	ච
ච	ච	ල	ෝ	ත	ඇ	ඇ	ඇ	ම	◌ා	න	ෙ◌	ල	◌්
ල	ය	ද	ස	ම	ල	◌්	ක	ළ	ඹ	ක	◌්	ර	◌ි
ස	න	◌්	ෆ	◌්	ල	ව	ර	◌්	ඹ	ප	ඉ	ණ	ප
හ	◌ි	බ	◌ි	ස	◌්	ක	ස	◌්	ඔ	ඟ	ඔ	ඩ	හ

මල් කළඹක්
ක්ලෝවර්
ඩේසි
උද්‍යානය
හිබිස්කස්
පිච්ච මල්
ලැ◌ෙවන්ඩර්
ලිලැක්
මානෙල්
ඕකිඩ්
පීනි
පෙති
ප්ලමරියා
පොපි
රෝස
සන්ෆ්ලවර්

50 - Health and Wellness #1

ච	ෂ	ඳ	ප	◌්	ර	ත	◌ී	ක	ය	ක	◌්	ඡ	ච
ච	◌ෛ	ද	◌්	ය	උ	ප	◌ු	ර	◌ු	ද	◌්	ද	◌ෛ
හ	ම	න	ච	ච	ස	ඟ	ම	අ	ප	ට	ග	ඵ	ර
ක	ර	ඳ	ත	◌ු	ව	◌ා	ල	ය	ත	ල	ඝ	ශ	ස
ශ	◌ී	ප	◌ේ	ශ	◌ං	◌ා	ම	ම	ය	◌ි	◌ෙ	ප	ය
ඹ	ක	ක	◌ු	ස	ග	◌ි	න	◌්	න	ද	ර	ණ	◌ු
ඟ	◌ි	ය	ල	ෂ	න	හ	ණ	ඔ	ය	ෆ	ධ	◌ේ	ට
ඇ	ල	◌ෙ	ෆ	ආ	ත	ශ	◌ෝ	හ	◌ා	ය	ඝ	ආ	ක
ප	◌්	ර	ත	◌ි	ක	◌ා	ර	ම	ස	ඇ	ස	ය	ට
ඇ	හ	ඟ	හ	ත	ශ	ඹ	ර	අ	◌ෝ	ජ	ඇ	ස	ඇ
ශ	◌ි	ය	ව	ල	ඹ	ඝ	ඬ	ධ	හ	න	ක	ම	ද
ට	◌ි	ත	ග	ඵ	ධ	ට	ඟ	ම	ස	ස	බ	ච	ප
ප	ල	ස	◌්	න	◌ා	ය	◌ු	ච	ෆ	ඝ	ම	ඵ	බ
බ	◌ැ	ක	◌්	ට	◌ී	ර	◌ි	ය	◌ා	ඉ	ඖ	ෂ	ධ

බැක්ටීරියා
ඇටකටු
සායනය
පුරුද්ද
උස
හෝර්මෝන
කුසගින්න
තුවාලය
වෛද්‍ය
මාංශ පේශී
ස්නායු
ඖෂධ
ප්‍රතිකයක්
ලිහිල් කිරීම
සම
අතිරේක
ප්‍රතිකාර
වෛරසය

51 - Town

ත	ස	ත	්	ව	ෝ	ද	්	ය	ා	න	ය	න	ක
ඔ	ඔ	අ	ව	ඹ	ස	ැ	ළ	ෝ	න	්	ය	ඔ	ෞ
ආ	ඬ	ආ	ඩ	ප	ව	ෙ	ළ	ෙ	ඳ	ප	ො	ළ	ත
ල	ම	ඖ	ෂ	ධ	ු	හ	ප	ඡ	ක	ග	ග	ප	ු
හ	ආ	ෙ	ට	ත	ද	ප	ල	ල	ශ	ු	ැ	ඡ	ක
ක	ෝ	ශ	ා	ඩ	බ	ග	්	ම	ස	ව	ල	හ	ා
හ	ැ	ට	ශ	ප	ේ	ප	ස	ස	ම	න	ර	න	ග
ස	ඉ	ෆ	ල	න	ක	ප	ා	හ	ා	්	ි	අ	ා
ා	අ	ඳ	ේ	්	ර	ඹ	ප	ව	න	ත	ය	ක	ර
ය	ර	ං	ග	ශ	ි	ඡ	ග	ඹ	ි	ො	්	ප	ය
න	බ	ැ	ං	ක	ු	ව	ර	ඈ	ස	ට	ය	ො	ස
ය	ල	ක	ා	ත	ස	්	ු	ප	ඳ	ු	ම	ච	ප
න	ධ	න	ණ	ෆ	බ	හ	ව	ඟ	ඝ	ප	ල	ප	ඇ
ක	්	ර	ී	ඩ	ා	ං	ග	න	ය	ල	්	ර	ඩ

ගුවන්තොටුපල
බේකරි
බැංකුව
පොත් සාප්පුව
කැෆේ
සිනමා
සායනය
මල්
ගැලරිය
හෝටල්
පුස්තකාලය
වෙළෙඳපොළ
කෞතුකාගාරය
ඖෂධ
සැලෝන්
පාසල්
ක්‍රීඩාංගනය
ගබඩා
රංග
සත්වෝද්‍යානය

52 - Antarctica

ඉ	ස	උ	ෂ	◌්	ණ	ත	◌්	ව	ය	ර	ම	ග	ණ
අ	ර	◌්	ධ	ද	◌්	ව	◌ී	ප	ය	◌ේ	◌ො	ත	ඹ
ව	ය	ට	◌ි	බ	ස	ව	ඹ	බ	ද	ඡ	ට	ක	ඹ
◌ි	ස	ස	න	ය	ර	ස	◌ි	ර	ප	ය	ඹ	ෂ	◌ී
ද	◌ි	ග	◌ං	ඡ	අ	ඝ	ඇ	ෂ	ජ	ණ	ධ	ය	ප
◌්	ල	ව	ද	ර	◌ෙ	හ	ය	අ	ඹ	ම	ත	◌ේ	ත
ය	◌ැ	◌ේ	ළ	◌ු	ක	◌ු	◌ා	ල	ව	ර	◌්	◌්	බ
◌ා	◌්	ෂ	ට	ඹ	න	◌්	ෂ	◌ී	◌්	ක	ප	ර	◌ො
ත	ග	ණ	ණ	ඵ	හ	ය	ෂ	ඳ	ඡ	◌්	◌ූ	ප	ක
◌්	ව	ඟ	ට	ඟ	ර	ඹ	ඩ	ණ	ඡ	◌ං	ද	ඝ	◌්
ම	ඬ	න	ශ	න	ඩ	ච	ය	ද	ය	ස	ක	ඳ	ක
ක	ක	◌ෝ	ව	◌්	ම	හ	◌ා	ද	◌්	ව	◌ී	ප	ය
ඵ	ණ	ෆ	හ	◌ූ	ව	◌ි	ෂ	ම	ත	◌ා	ව	ඡ	ල
හ	◌ූ	ග	◌ෝ	ල	ව	◌ි	ද	◌්	ය	◌ා	ව	ය	ජ

බොක්ක
පක්ෂීන්
වලාකුළු
සංරක්ෂණය
මහාද්වීපය
කෝච්
පරිසරය
ගවේෂණ
භූගෝල විද්යාව
ග්ලැසියර
අයිස්
දූපත්
සංක්රමණය
අර්ධද්වීපයේ
පර්යේෂක
රොකී
විද්යාත්මක
උෂ්ණත්වය
භූ විෂමතාව
ජලය

53 - Fashion

න	ර	ක	ා	ං	ල	අ	ද	ව	ඡ	ට	ස	ම	ශ
ප	ව	ෙ	ඹ	හ	ෂ	ෆ	න	ූ	ත	න	ර	ි	ෞ
්	ද	ී	ද	ව	ර	ග	ග	ව	ධ	ආ	ල	ල	ල
ර	ඩ	ම	න	ි	ඳ	ත	ආ	ර	ඉ	ය	ට	අ	ි
ව	අ	ප	ල	ෙ	හ	ම	ඬ	ට	ම	ද	ඝ	ධ	ය
ණ	ව	ම	්	න	ු	ි	ම	ා	ඵ	හ	ව	ි	ඝ
ත	ම	ඝ	ු	ර	හ	ඟ	ඳ	ව	ඇ	ම	ද	ක	ඹ
ා	්	ත	ම	ද	ා	න	ි	හ	ත	ම	ා	න	ී
ව	ත	ඹ	ම	ඉ	ර	ය	ය	ෆ	ඟ	ඳ	ණ	හ	ඡ
ය	ත	ය	හ	ඖ	ද	න	ෝ	අ	ක	ඡ	ඵ	ප	ර
ඬ	්	ණ	ඟ	ෙ	ප	ය	ඳ	ග	ඵ	න	ධ	ඩ	ඳ
ජ	ො	ආ	බ	ප	න	ව	ඹ	ර	ි	ඬ	ඹ	ඉ	ට
ත	බ	ඩ	ල	ේ	ස	්	ක	ය	ඩ	ක	ඇ	ධ	ණ
ඵ	ම	්	බ	්	ර	ො	ය	ි	ඩ	ර	්	ජ	ශ

කඩයක්
බොත්තම්
අලංකාර
එම්බ්රොයිඩර්
මිල අධික
රෙදි
ලේස්
මිනුම්
අවම
නූතන

නිහතමානී
මුල්
රටාව
ප්රායෝගික
සරල
නවීන
ශෛලිය
වයනය
ප්රවණතාවය

54 - Human Body

ස	ට	ඝ	ව	ට	ම	◌ි	ල	◌ැ	ව	ප	ඇ	ඩ	ය
ශ	ෂ	ම	ට	හ	◌ු	ට	◌ු	ඹ	ම	ණ	ඟ	◌ෙ	ඡ
ම	◌ො	ළ	ය	ණ	හ	හ	ක	ල	◌ේ	ශ	◌ි	ඹ	ක
ස	ත	ත	ච	ක	◌ු	ත	ක	◌ෙ	ඬ	හ	ල	ඒ	හ
ෂ	ධ	ල	ධ	ඩ	ණ	ට	ම	ඡ	ච	න	◌්	ෆ	බ
ඳ	බ	ඳ	බ	ඩ	ව	ප	ම	ජ	ආ	හ	ල	ඬ	ව
හ	ල	ග	ඇ	ට	ක	ට	◌ු	◌ු	ඡ	ධ	◌ි	ය	ළ
ණ	ත	අ	ජ	ආ	ර	ග	ට	ඒ	බ	ජ	ත	ස	ල
ෆ	ව	ඉ	ප	හ	ප	ර	ස	ෆ	ණ	ය	ෂ	◌ා	◌ු
ල	ද	ණ	හ	◌ි	ස	◌්	◌ි	හ	ර	උ	ය	න	ක
ඉ	හ	ඬ	ව	ඡ	◌ෙ	ට	ට	ක	◌ු	ච	ක	◌්	ර
ඝ	හ	ඝ	ෂ	ර	ඉ	ඟ	ණ	ණ	ක	ඳ	ඳ	◌ි	ස
ග	◌ෙ	ල	ඒ	ග	ඝ	ඹ	ධ	ඬ	හ	න	ඟ	ච	ඹ
ය	ස	ණ	ල	ධ	ඔ	ෆ	ට	ඝ	ක	ස	අ	ඔ	බ

වළලුකර
ලේ
ඇටකටු
මොළය
චින්
කන
වැලමිට
මුහුණ
ඇඟිල්ල
අත
හිස
හදවත
හකු
දණහිස
කකුල
මුඛය
ගෙල
නාසය
උරහිස්
සම

55 - Musical Instruments

ක	හ	◌ො	ර	ණ	◌ෝ	න	◌්	ම	ණ	ය	ඹ	ඟ	ඩ
◌්	න	ඇ	ස	ෂ	ඇ	ල	න	ශ	ශ	ත	ෂ	ග	◌්
ල	ස	හ	න	ළ	◌ා	ව	ක	ඳ	ඟ	ච	ර	◌ි	ර
◌ැ	◌ෙ	◌ො	න	හ	ප	ඩ	ඳ	ව	ඡ	ච	ච	ට	ම
ර	ල	ර	ම	ය	ඩ	ච	ඩ	ම	◌ී	ත	බ	◌ා	◌්
◌ි	◌ෝ	ණ	ප	◌ා	ප	ක	ෂ	න	◌්	ණ	ඵ	ර	ව
න	ඉ	◌ෑ	අ	ඡ	ර	ග	ඉ	ය	ධ	අ	◌ා	ය	ය
◌ෙ	ඕ	ව	ආ	ඉ	න	◌ි	ල	ස	ග	ප	හ	ව	ල
ට	ට	බ	ෆ	ආ	ඡ	ඉ	ම	ස	◌ො	ය	ස	ව	◌ී
◌්	න	ජ	◌ෝ	න	◌්	◌ැ	බ	◌්	◌ං	ඔ	ජ	ඡ	න
ඹ	හ	ෂ	ෂ	ය	හ	ර	හ	ඡ	බ	ම	ස	ල	ය
ඇ	ස	◌ු	ව	◌ේ	◌ි	ස	ච	ඔ	ණ	◌ා	ච	ද	ට
◌ෙ	ස	◌ැ	ක	◌්	ස	◌ෝ	ෆ	◌ෝ	න	◌්	න	බ	ර
ප	◌ි	ය	◌ා	න	◌ෝ	ව	බ	◌ැ	ස	◌ු	න	◌්	ඳ

බැන්ජෝ
බැසූන්
සෙලෝ
ක්ලැරිනෙට්
ඩ්‍රම්
නළාව
ගොං
ගිටාරය
වීණාව
ඇසුවේ
මාරිම්බා
ඕබෝයි
පකෂන්
පියානෝව
සැක්සෝෆෝන්
රබන්
හොරණෝන්
හොරණෑව
වයලීනය

56 - Fruit

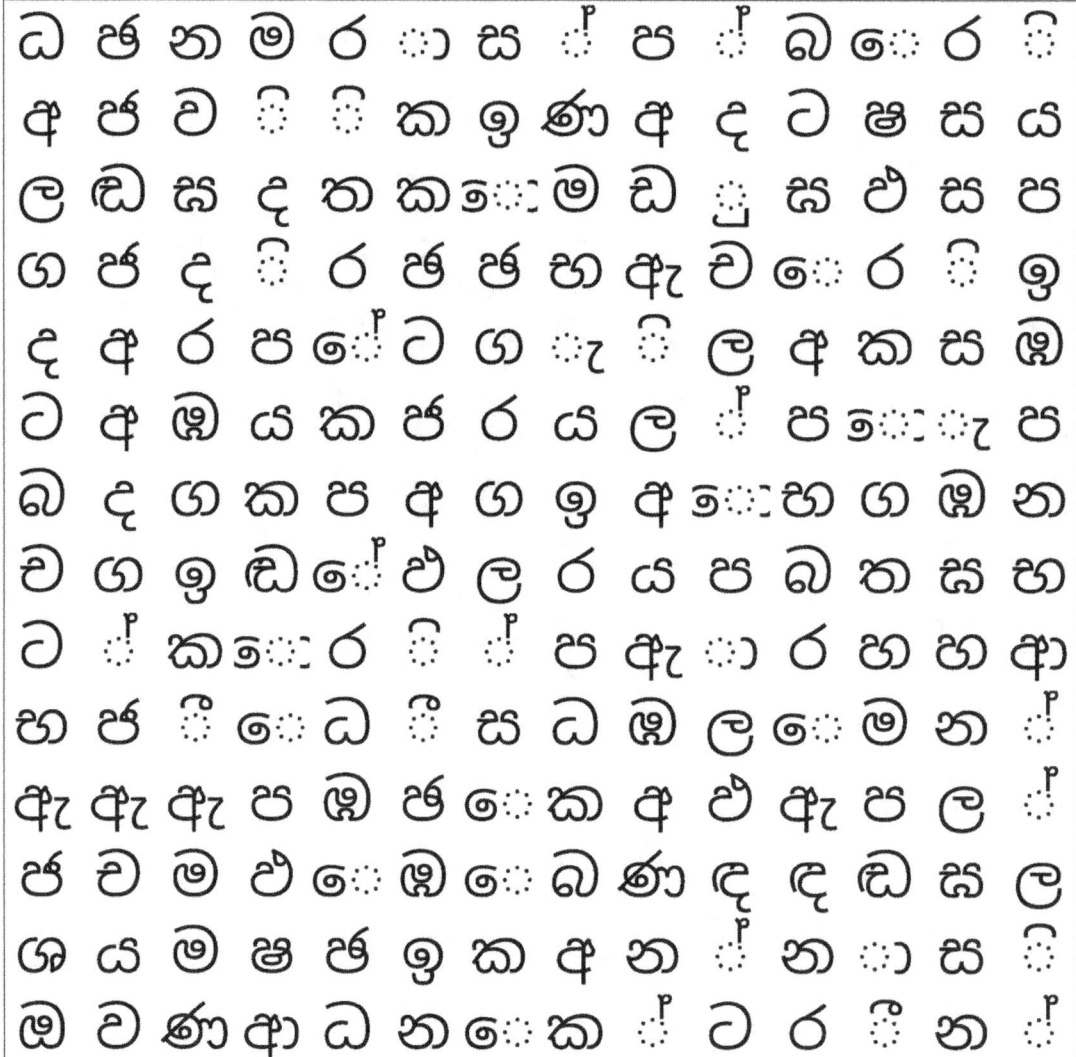

ඪ	ඡ	න	ම	ර	◌ා	ස	◌්	ප	◌්	බ	◌ෙ	ර	◌ි
අ	ජ	ච	◌ි	◌ි	ක	ඉ	ණ	අ	ද	ට	ෂ	ස	ය
ල	ඬ	ඝ	ද	ත	ක	◌ො	ම	ඩ	◌ු	ඝ	ඵ	ස	ප
ග	ජ	ද	◌ි	ර	ඡ	ඡ	හ	ඇ	ච	◌ෙ	ර	◌ි	ඉ
ද	අ	ර	ප	◌ේ	ට	ග	◌ැ	◌ි	ල	අ	ක	ස	ඹ
ට	අ	ඹ	ය	ක	ජ	ර	ය	ල	◌්	ප	◌ො	◌ැ	ප
බ	ද	ග	ක	ප	අ	ග	ඉ	අ	◌ො	හ	ග	ඹ	න
ච	ග	ඉ	ඬ	◌ේ	ඵ	ල	ර	ය	ප	බ	ත	ඝ	හ
ට	◌්	ක	◌ො	ර	◌ි	◌්	ප	ඇ	◌ා	ර	හ	හ	ආ
හ	ජ	◌ී	◌ෙ	ඪ	◌ී	ස	ඪ	ඹ	ල	◌ෙ	ම	න	◌්
ඇ	ඇ	ඇ	ප	ඹ	ඡ	◌ෙ	ක	අ	ඵ	ඇ	ප	ල	◌්
ජ	ච	ම	ඵ	◌ෙ	ඹ	◌ෙ	බ	ණ	ඳ	ඳ	ඬ	ඝ	ල
ශ	ය	ම	ෂ	ඡ	ඉ	ක	අ	න	◌්	න	◌ා	ස	◌ි
ඹ	ච	ණ	ආ	ඪ	න	◌ෙ	ක	◌්	ට	ර	◌ී	න	◌්

ඇපල්
ඇප්රිකොට්
අලිගැට පේර
කෙසෙල්
බෙරී
චෙරි
පොල්
පය
මිදි
පේර
කිවි
ලෙමන්
අඹ
කොමඩු
නෙක්ටරීන්
පැපොල්
පීච්
පෙයා
අන්නාසි
රාස්ප්බෙරි

57 - Engineering

ඳ	ත	ඔ	ඵ	ඝ	ය	ණ	ෝ	ක	ල	ඔ	ෙ	ග	ඩ
ප	ම	බ	ඹු	ර	ත	ව	ඩ	ී	ස	ල	්	ැ	ව
ග	ණ	න	ය	ක	ි	ර	ී	ම	අ	ඵ	ක	ඹු	ි
ඉ	බ	ස	ඵ	ඟ	්	ව	ඬ	ඬ	හ	න	ර	ු	ෂ
ද	ල	ධ	්	ඳ	ක	ඝ	ද	අ	ෂ	ඩ	බ	ර	්
ි	ශ	ච	ව	ඵ	ශ	න	ද	ඩ	ල	ෆ	ක	ත	ක
ක	ක	න	ල	ව	ා	ර	්	ප	ග	ී	ඳ	ජ	ම
ි	්	ක	ඹු	ස	ෙ	ව	ය	ඝ	ඟ	ඝ	ව	ප	්
ර	ත	හ	ආ	ශ	බ	ද	ර	්	ය	ි	ග	ර	හ
ී	ි	ඔ	ඇ	ඹු	අ	හ	ත	ත	ද	ඬ	ජ	්	ය
ම	්	න	ු	ි	ම	ක	්	හ	්	ට	හ	ට	ද
්	ඩ	ට	ශ	ම	ජ	ි	්	න	ඵ	ව	ග	ෝ	ි
ර	ු	ප	ස	ට	හ	න	න	ෂ	බ	ණ	ය	ම	ය
ව	්	ය	ු	හ	ය	ප	ය	හ	ය	ශ	බ	ස	ර

- කෝණය
- අක්ෂය
- ගණනය කිරීම
- ඉදිකිරීම්
- ගැඹුර
- රූප සටහන
- විෂ්කම්භය
- ඩීසල්
- බලශක්ති
- එන්ජිම
- ගියර්
- ලීවර
- දියර
- යන්ත්රය
- මිනුම්
- මෝටර්
- ප්රචාලන
- ස්ථාවරත්වය
- ශක්තිය
- ව්යුහය

58 - Kitchen

ඵ	ඳ	◌ි	◌ැ	හ	ඉ	ආ	අ	ශ	ජ	ව	ල	ජ	ග
ඹ	ඟ	ම	◌ං	◌ි	ණ	ඉ	අ	◌ී	ය	ඡ	ස	ච	ෂ
ර	ට	ධ	ච	◌ි	ෂ	ස	ෆ	ත	ක	ඟ	ණ	ආ	ධ
ඡ	ජ	න	ධ	ප	ප	◌්	◌ෝ	ක	◌ු	ණ	ර	ඳ	ස
න	ජ	හ	ණ	ඇ	ෂ	ක	ශ	ර	ළ	ඉ	ය	ඬ	ත
ග	◌්	ර	◌ි	ල	◌්	◌්	ර	ණ	◌ු	ඉ	ණ	ජ	ව
ඬ	න	න	ම	ඟ	ක	ට	ත	ය	බ	ර	ඉ	ප	ට
ප	◌්	ඡ	ව	හ	ය	◌ි	ෆ	ල	ඩ	ෆ	ෆ	ඵ	◌්
ඟ	ප	ත	◌ා	අ	ළ	ස	ඇ	ත	◌ු	ද	ඝ	ර	ට
ල	◌ො	ය	◌ු	අ	ක	◌්	ව	◌ේ	ජ	ය	ආ	ඔ	◌ෝ
ඹ	◌්	ෆ	ත	හ	ඵ	ප	ර	ක	ඳ	ය	ඬ	ව	ර
න	ස	ඔ	ය	ර	ත	◌්	◌ා	ප	ඵ	න	ධ	ය	◌ු
ර	ක	ප	ම	ඡ	ඇ	◌ො	හ	අ	◌ං	ග	න	ය	ව
ආ	ඩ	ජ	ද	ඇ	හ	ච	ආ	න	ෆ	ද	ර	ඹ	ඵ

අංගනය
පාත්‍රය
චොප්ස්ටික්ස්
කෝප්ප
ආහාර
ග්‍රිල්
කළයක්
කේතලය
පිහි
ඉණිමං
තුවා
අවන්
වට්ටෝරුව
ශීතකරණය
කුළුබඩු
ස්පොන්ජ්
හැදි

59 - Government

අ	ය	◌ි	ත	◌ි	ව	◌ා	ස	◌ි	ක	ම	◌්	ව	ඝ
ක	ක	ජ	ස	ධ	ද	ව	අ	න	ච	ය	ජ	ෆ	ණ
ෙ◌	ර	◌ා	◌ං	ම	ෙ◌්	ඹ	ධ	ෆ	ඝ	ත	◌ා	හ	ල
ජ	ම	ත	ක	අ	ශ	හ	◌ි	ඹ	න	◌ි	ආ	න	ස
ජ	◌ා	◌ි	ෙ◌්	ඩ	ප	ග	ක	ල	ශ	◌ී	ව	ය	◌ා
ශ	◌්	ක	ත	ෂ	◌ා	ල	ර	අ	ණ	න	අ	◌ු	ක
ඬ	ස	ශ	ය	ඡ	ල	ම	ණ	ඳ	ඔ	ට	ය	ක	ච
ල	අ	ඳ	ආ	ග	න	ස	◌ි	ව	◌ි	ල	◌්	◌්	◌්
ෆ	අ	ඡ	ඹ	ඳ	ය	ඹ	හ	ල	ඹ	ම	ධ	ත	ඡ
ස	◌ා	ම	ක	◌ා	ම	◌ී	ඳ	ද	ෆ	ඉ	ධ	◌ි	◌ා
ග	ල	ෙ◌	ඛ	ල	ය	ඳ	ද	ඡ	◌ි	ව	ප	ය	ඹ
ෆ	ත	ග	ක	ථ	න	ය	ඉ	ද	ව	න	ත	ර	ඟ
ස	ම	◌ා	න	◌ා	ත	◌්	ම	ත	◌ා	ව	ය	ජ	ඇ
ව	◌ි	ස	ම	◌්	ම	◌ු	ත	◌ි	ය	ත	◌ි	◌ා	ජ

සිවිල්
සාකච්ඡා
විසම්මුතිය
සමානාත්මතාවය
අධිකරණ
යුක්තිය
නීතිය
නායක
නිදහස
ස්මාරකය
ජාතිය
ජාතික
සාමකාමී
දේශපාලනය
බලය
අයිතිවාසිකම්
කථනය
සංකේතය

60 - Art Supplies

ඵ	ක	ව	ග	ක	අ	ත	ස	ණ	ක	බ	ර	ණ	ඇ
හ	්	අ	ර	ඇ	ග	ප	ැ	ස	්	ට	ල	්	ඩ
ය	ර	ද	ස	්	ක	ප	ු	ට	ු	ව	ඞ	ශ	ල
ප	ෙ	හ	ප	ල	ණ	්	අ	ඟ	ු	ර	ු	ඹ	ඇ
ැ	ය	ස	ත	ස	බ	ඝ	ර	ර	ඇ	ව	ග	ු	ව
න	ො	්	ෙ	ර්	ු	ම	ක	ි	ම	ැ	ට	ි	ර
්	න	ට	ල	ග	ර	හ	ඩ	ආ	ල	ට	ර	න	ා
ස	්	ජ	්	ය	ු	ඳ	ද	ම	ව	ි	ඬ	ධ	ම
ල	ස	ව	ල	හ	ස	ෙ	ා	ෙ	ක	ධ	ක	ග	ැ
්	්	ජ	ල	ය	ු	ණ	ස	ය	ආ	න	ට	්	ක
ම	ැ	ල	ි	ය	ම	්	ි	න	හ	ඩ	ය	හ	ය
අ	ර	ද	ස	ද	ඉ	ජ	ත	ී	න	්	ත	ක	ක
ඟ	ඇ	ඉ	ධ	ඉ	න	ඹ	ෙ	ඵ	ඇ	න	ෂ	බ	ට
ග	ත	ස	ග	ෂ	ශ	ජ	හ	ස	ච	ෆ	ඝ	ත	ත

ඇක්රිලික්
බුරුසු
කැමරාව
පුටුව
අඟුරු
මැටි
වර්ණ
ක්රෙයොන්ස්
ඊසල්
මකනයකට
මැලියම්
අදහස්
තීන්ත
තෙල්
කඩදාසි
පැස්ටල්
පැන්සල්
වගුව
ජලය

61 - Science Fiction

අ	න	ජ	ඩ	ර	ච	ණ	ල	ඡ	අ	ත	ට	හ	ඝ
ත	බ	ම	◌ා	ය	◌ා	ව	◌ේ	ක	හ	ද	ශ	ඇ	ට
◌ා	ඬ	ෂ	ඉ	ප	ය	හ	ක	ණ	◌ි	ෆ	ඔ	ඵ	ල
ත	◌්	න	අ	ත	◌ි	හ	ය	◌ු	ර	ඹ	ය	ඔ	අ
◌්	න	ද	ර	◌්	ද	ප	ණ	◌ා	හ	ඇ	ණ	ය	ස
ව	◌ි	◌ී	ට	◌ො	◌ෙ	ඔ	◌ි	ම	ස	ජ	ෂ	ජ	ඳ
◌ි	ය	ව	ක	ප	බ	ඩ	ඝ	ර	◌්	ල	ක	ර	ඔ
ක	ම	◌ා	න	◌ි	ස	◌ේ	ඔ	ප	◌ී	ෂ	◌්	◌ා	ශ
ර	ය	ත	ඹ	ණ	ත	ර	ව	ෂ	ඹ	ම	◌ා	◌ේ	ස
ග	◌ි	ග	ආ	ර	ඇ	ද	ෂ	ර	ශ	බ	ත	න	◌ෙ
ශ	◌ි	◌ා	ආ	ඹ	ආ	ඵ	ර	ය	◌ු	ව	ආ	ම	ව
ඬ	බ	න	ග	◌්	ර	හ	ල	◌ේ	ක	ය	ඬ	ජ	ම
◌ෙ	ඉ	අ	◌ි	ග	◌ැ	ල	◌ැ	ක	◌්	ස	◌ි	ධ	ඝ
ධ	ඵ	ග	ච	න	ව	ක	ත	◌ා	ෆ	ස	බ	ය	ජ

පරමාණුක
පොත්
සිනමා
පිපිරීම
අන්ත
නියමයි
ගිනි
අනාගතවාදී
ගැලැක්සි
මායාව
අතාත්වික
අභිරහස්
නවකතා
ඔරකල්
ග්‍රහලෝකය
රොබෝවරු
තාක්ෂණය
මනෝරාජය
ලෝකය

62 - Geometry

ම	ච	ණ	ව	ඹ	ට	ඩ	ඇ	ණ	බ	ර	ස	ග	ඝ
ෂ	ස	ම	ී	ක	ර	ණ	ය	ණ	ෝ	ක	ව	ත	ය
ඝ	උ	්	ඝ	ඞ	ම	හ	ා	ප	ස	ත	හ	ු	හ
ද	ජ	ර	ර	හ	න	ස	ක	බ	ට	ර	ජ	ඳ	ම
ඡ	ම	ර	ී	ි	ක	ය	න	ණ	ග	්	ළ	ළ	්
ඩ	ණ	ස	අ	අ	ත	ස	ය	ර	්	ක	ව	හ	ක
ළ	හ	ආ	ග	ස	ම	ධ	්	ය	න	්	ය	ඳ	ෂ
ඟ	ණ	ශ	හ	ම	අ	න	ු	ප	ා	ත	ය	ඝ	්
ව	ව	බ	අ	ම	ම	ා	න	ය	ක	්	ව	න	ි
ක	ො	ට	ස	ි	ත	අ	ඞ	ට	න	ඉ	න	ඳ	ව
ෙ	ෂ	ජ	ෙ	ත	ත	්	ර	ි	ක	ෝ	ණ	ය	ප
බ	ශ	ට	ප	ි	ු	ත	ම	ස	ි	ර	ස	්	න
ස	ක	ඵ	ප	ය	ස	ම	ා	න	්	ත	ර	ඹ	ඟ
ඟ	ම	ට	ච	ශ	ෆ	ස	ඵ	ෙ	බ	ඞ	ප	ර	ඳ

කෝණය
ගණනය කිරීම
රවුම
වක්රය
විෂ්කම්භය
මානයක්
සමීකරණය
උස
තිරස්
තර්ක
මහා
මධ්යන්ය
සමාන්තර
අනුපාතය
කොටස
මතුපිට
සමමිතිය
න්යාය
ත්රිකෝණය
සිරස්

63 - Creativity

හ	ප	ක	ම	ත	්	ා	ල	ක	අ	අ	ඇ	හ	ජ
ජ	ර	ඹ	ක	ී	බ	ඡ	ග	ඩ	ව	ඉ	ර	හ	ව
ද	ි	ච	ල	ව	ඹ	ට	න	ශ	්	ර	ද	හ	ය
්	ක	ඇ	ි	්	ස	හ	ද	අ	ය	ප	ආ	ැ	ස
ර	ල	ච	ද	ර	ජ	ඵ	ඝ	ඵ	ා	්	ශ	ඟ	්
ව	්	හ	ි	ත	ර	ු	ප	ය	ජ	ර	්	ී	ව
ශ	ප	ය	හ	ා	ස	ඉ	න	ර	ත	ත	ව	ම	ය
ී	න	ම	ැ	ව	ස	ං	ඹ	ප	්	ි	ා	්	ං
ල	ය	ය	ැ	ෂ	හ	ග	ව	ආ	ව	හ	ද	ආ	ස
ත	ජ	ට	ප	ව	ෂ	ය	ට	ේ	ය	ා	ය	ද	ි
ා	ප	්	ර	ක	ා	ශ	න	ය	ද	ව	ක	ෂ	ද
ම	ආ	ා	ඹ	හ	ඝ	ඡ	ඡ	ල	ඵ	න	්	ඟ	්
ක	ඉ	න	ඹ	ශ	හ	ඩ	ක	ධ	ද	ව	ය	ඹ	ධ
ෙ	න	ව	න	ි	ප	ැ	ය	ූ	ම	්	ඡ	ය	ධ

කලාත්මක
අව්යාජත්වය
පැහැදිලිකම
නාට්‍යමය
හැඟීම්
ප්‍රකාශනය
ද්‍රවශීලතා
අදහස්
රූපය
පරිකල්පනය
ආශ්වාදයක්
තීව්‍රතාව
ප්‍රතිභාව
නව නිපැයුම්
සංවේදනය
ස්වයංසිද්ධ
දර්ශන
ජවය

64 - Airplanes

ක	ා	ර	්	ය	ම	ණ	්	ඩ	ල	ය	ඉ	ෆ	ල
ක	ා	ල	ග	ු	ණ	ය	න	ආ	හ	ධ	ෆ	ග	ඝ
ඹ	ෙ	ස	ඇ	හ	ඹ	බ	ි	ට	ය	ච	ඉ	ෙ	ඬ
ද	ම	බ	අ	හ	ස	උ	ර	ඉ	ි	ච	ඡ	ය	ය
ෙ	ි	ණ	ඩ	ව	න	හ	්	ඟ	ඩ	ම	ග	ී	න
ඟ	එ	ශ	ෙ	ව	ි	ඇ	ම	ණ	්	ජ	ම	උ	්
ෙ	ඟ	ස	ා	ඬ	ය	ත	ා	ඹ	ර	ි	්	න	ත
ධ	එ	එ	ආ	ව	ම	ඉ	ණ	ට	ජ	්	ර	්	ග
බ	හ	න	්	ව	ු	ග	ග	ත	න	න	ී	න	ත
ඳ	ැ	ඉ	න	්	ධ	න	ණ	ො	්	එ	ක	ත	ශ
ප	ය	ල	ග	ෝ	ය	ු	ා	ව	ඩ	ෂ	ි	ා	ස
ඟ	ල	න	ූ	ප	හ	ඬ	ඟ	ට	බ	ණ	ි	ං	ෙ
ද	ත	ග	ක	න	ජ	ස	ර	ා	්	ත	ද	ශ	ට
හ	ප	ණ	ඟ	ඳ	ය	ස	හ	ා	ි	ත	ඉ	ය	ශ

ත්‍රාසජනක
ගුවන්
උන්නතාංශය
වායුගෝලය
බැලූනය
ඉදිකිරීම්
කාර්ය මණ්ඩලය
නිර්මාණ
දිශාව
එන්ජිම

ඉන්ධන
උස
ඉතිහාසය
හයිඩ්‍රජන්
ගොඩ
මගී
නියමු
යන්තගත
අහස
කාලගුණය

65 - Ocean

හ	ආ	ෂ	ජ	ප	ර	ක	ළ	◌ා	ල	◌්	ව	◌ූ	බ
ඩ	ශ	ණ	ල	◌ෙ	ට	◌ූ	න	◌ා	ක	◌ු	ට	හ	ඩ
◌ෙ	ජ	ල	ට	ට	ල	බ	අ	ඳ	◌ො	ම	ණ	ඉ	◌ො
ඉ	ස	◌්	ස	න	◌්	◌ි	බ	ආ	ර	◌ෝ	ණ	◌ු	ල
ස	ක	න	ධ	ඇ	ල	ට	ෆ	න	ල	ර	ද	හ	◌්
◌්	ල	ක	ජ	ග	ෂ	බ	ජ	◌ි	◌්	◌ා	ධ	බ	ෆ
ප	◌ෙ	ඝ	◌ු	ඇ	ල	◌්	ග	◌ී	ෂ	ත	ඹ	ඇ	◌ි
◌ො	ණ	ඝ	ව	ළ	ව	◌ා	බ	◌ෑ	ස	◌්	◌ැ	ක	න
න	ඬ	ඳ	ආ	◌ු	◌ු	හ	ඹ	ඝ	ට	ල	බ	ව	◌්
◌්	ය	ර	න	◌ා	ඹ	ව	ට	◌ු	ණ	◌ා	◌ු	ක	හ
ජ	ස	ය	ඬ	ම	ෂ	ඵ	න	ඬ	ශ	ල	ෂ	ඉ	ඬ
◌්	ඝ	බ	ශ	ස	ට	ඇ	ල	◌්	ඹ	◌්	◌ෙ	ඹ	ජ
ව	ඩ	ද	◌ි	ය	බ	◌ා	ද	◌ි	ය	◌ෙ	ණ	ට	ණ
ත	ල	◌්	ම	ස	◌ු	න	◌්	ෆ	ට	බ	ප	ඹ	ත

ඇල්ගී
කොරල්
කකුළුවන්
ඩොල්ෆින්
ආඳා
මාළු
ජෙලිෆිෂ්
බූවල්ලා
බෙල්ලා
පර
ලුණු
මෝරා
ඉස්සන්
ස්පොන්ජ්
කුණාටුව
වඩදිය බාදිය
ටූනා
කැස්බෑවා
තල්මසුන්

66 - Force and Gravity

අ	ම	ප	ද	ය	ම	◌ෑ	ප	ල	බ	බ	ව	ඉ	හ
ඔ	ක	ණ	ඇ	◌ෙ	ධ	ශ	ව	ඳ	ඇ	ර	ට	ය	◌ෞ
ව	ශ	◌්	◌ි	ව	◌්	ස	ර	ග	ග	ව	ද	ව	ත
ඇ	ඬ	ම	ෂ	ර	ය	ට	ස	◌්	ට	ත	ම	ත	◌ි
ජ	ව	ම	ෆ	ය	ස	ය	බ	ර	ඳ	◌ා	◌ි	◌්	ක
බ	ක	හ	ෂ	ධ	◌්	අ	අ	හ	ම	ය	අ	ක	ව
ට	ෂ	හ	ග	ෆ	ඵ	ල	ප	ල	න	◌්	ඵ	හ	◌ි
ඳ	ල	◌ෙ	ස	ව	◌ා	ව	ර	◌ෝ	◌ී	ම	ඔ	ම	ද
ප	◌ී	ඩ	න	ය	න	ඹ	හ	ක	ග	ග	ය	◌්	◌්
න	ස	ප	ඟ	ග	ය	ධ	හ	ර	◌ැ	ධ	ඇ	◌ු	ය
ච	ඔ	ජ	ඵ	◌ේ	ක	◌ා	ල	ය	ය	ශ	හ	ච	◌ා
ද	◌ු	ර	ය	ව	ත	◌්	ල	ශ	◌ා	◌ි	ව	බ	ව
න	ච	ව	බ	ක	ක	◌්	ෂ	ය	◌ො	ච	ග	ප	ඵ
ශ	ජ	ම	ස	අ	ඵ	ඉ	ඉ	ච	ස	ත	ශ	ඹ	න

අක්ෂය
මධ්‍යස්ථානය
සොයාගැනීම
දුර
ගතික
බලපෑම
චුම්භකත්වය
විශාලත්වය
ගම්‍යතාව

කක්ෂය
භෞතික විද්‍යාව
ග්‍රහලෝක
පීඩනය
වේගය
කාලය
විශ්ව
බර

67 - Birds

ක	ද	ඞ	අ	හ	ස	◌ෙ	ක	◌්	ට	◌ෙ	◌ු	ප	ක
අ	◌ු	ව	ධ	ල	ඝ	ඔ	◌ැ	ල	හ	ග	ෆ	ඞ	ක
ග	ඟ	ක	ඟ	ආ	ල	ජ	න	◌්	ර	◌ො	◌ෙ	හ	◌ු
ප	◌ි	ෆ	◌ූ	ඩ	ම	ය	ර	ත	ත	◌්	◌ි	බ	ක
◌ැ	ඳ	ර	ශ	ෆ	න	ය	◌ි	ඡ	ඩ	න	ල	අ	◌ු
ස	ෆ	◌ා	ව	ය	◌්	◌ා	ඞ	න	ග	◌්	◌ු	ම	ළ
◌්	ප	න	ට	◌ා	ක	ල	◌්	◌ො	ග	ය	ඳ	ප	◌ු
බ	ඳ	◌ො	◌ු	ව	◌ූ	◌ි	◌ැ	ය	ක	◌ි	◌ු	ශ	ම
ර	ජ	ම	ණ	◌ි	ට	ජ	ඝ	ම	ප	ග	ක	ඹ	ස
◌ා	ඞ	ස	◌ා	◌ෙ	ජ	◌ා	ණ	ප	◌ි	◌ු	ල	ස	◌්
ඇ	ජ	ද	◌ු	ර	ය	◌ා	ස	◌ං	හ	න	ව	ඇ	ම
න	ප	ද	ක	ප	ල	ර	ඟ	ද	ම	◌්	◌්	ෂ	හ
ප	◌ෙ	ල	◌ි	ක	න	◌්	ඝ	ඳ	න	◌ෙ	ස	ග	ල
ත	◌ා	ර	◌ා	ද	ස	ම	ව	ආ	ර	ප	ඇ	ර	◌ො

කැනරි
කුකුළු මස්
කුකූ
පරෙවියා
තාරා
රාජාලියා
බිත්තර
ෆ්ලැමින්ගෝ
ඇස්වල කඳුලු
ගොල්
හෙරොන්
පැස්බරා
ගිරවා
මොනරා
පෙලිකන්
පෙන්ගුයින්
කපුටෙක්
කුණාටුව
හංසයා
ටූකන්

68 - Nutrition

ස	බ	ස	ඒ	ඇ	ඝ	ශ	ර	ධ	ව	ණ	ද	ආ	ආ
ෝ	ය	ම	ශ	ල	ල	ල	ඹ	ණ	හ	ච	ස	හ	හ
ස	ච	බ	ක	ඵ	ෆ	ධ	ව	ට	ර	හ	ෞ	ා	ා
්	ද	ර	බ	ර	ජ	ී	ර	්	ණ	ය	බ	ර	ර
ක	ට	ු	ක	ෂ	ෝ	ප	ප	ග	ප	ස	්	ි	ර
ම	ප	ල	ර	ජ	ඳ	ද	ප	ැ	ඩ	ර	ය	ල	ු
ත	ව	ආ	හ	ු	න	ඩ	්	ග	ස	ක	ය	ැ	ච
්	ෙ	ි	ත	ස	ු	ඹ	ර	ව	ක	ව	ඟ	ක	ි
ණ	හ	ණ	ට	ප	අ	ප	ෝ	ි	ඟ	ජ	ී	ෆ	ය
ා	ද	හ	ත	ම	ඬ	ඝ	ට	ෂ	ක	ප	ම	ම	ආ
ු	්	ශ	ඉ	ඵ	ි	ඬ	ී	න	ආ	ස	ග	ස	ත
ග	ර	ග	අ	ඝ	හ	න	න	ඇ	අ	ස	ක	ර	ට
ප	ව	න	න	්	ප	ම	්	ස	ය	බ	්	ෞ	ස
ක	ා	බ	ෝ	හ	ය	ි	ඩ	්	ර	ේ	ට	ක	ජ

ආහාර රුචිය
සමබර
කටුක
කැලරි
කාබෝහයිඩ්රේට
ආහාර
ජීර්ණය
පැසවීම
රසය
පුරුදු
සෞඛ්‍යය
සෞඛ්‍ය සම්පන්න
ද්රව
පෝෂක
ප්රෝටීන
ගුණාත්මක
සෝස්
විෂ
විටමින්
බර

69 - Hiking

හ	ඩ	ම	ණ	ක	ෙ◌	ඥ	ච	ද	ක	ල	ම	ච	ද
ය	ව	හ	◌ා	ව	◌්	ස	ණ	අ	ඥ	ධ	ය	ආ	◌ි
බ	ර	බ	ෙ◌	ර	ස	ශ	ල	ච	ච	ග	ල	◌්	ශ
ට	ප	ඡ	න	ඵ	◌්	ක	ච	ළ	◌ු	◌ු	ම	ස	◌ා
ඝ	ණ	ශ	අ	ඵ	ල	ග	ස	ඩ	ර	ඥ	ඝ	ඇ	න
ඹ	ය	ඝ	ස	ච	ව	ච	ෙ◌ෝ	◌්	◌ු	ක	ම	අ	ත
ඩ	ණ	ම	ඝ	ස	ච	ෂ	ස	ප	ක	ල	ට	ණ	◌ි
ෆ	ග	හ	◌ි	ර	◌ු	ට	◌ි	ෂ	ද	◌ි	ය	ඹ	ය
ආ	◌ු	ඥ	ජ	ඹ	ත	ප	ත	ජ	ග	ෙ◌්	ර	ඟ	ෂ
ඥ	ශ	ක	න	◌්	ද	ග	◌ි	ඩ	ල	හ	ශ	◌ී	ත
ම	ෙ◌්	න	ඹ	ෆ	න	බ	ය	ඬ	ධ	ය	ණ	න	ම
උ	ද	◌්	ය	◌ා	න	◌ූ	ම	ච	ෙ◌	හ	ෙ◌	ස	ට
ක	ත	ප	ජ	ඇ	ය	ට	ක	◌ා	ල	ග	◌ු	ණ	ය
ෂ	ජ	ෙ◌	ඉ	ඝ	න	◌්	◌ු	ත	ස	ය	ආ	ඵ	ඵ

සතුන්
බූට්
කඳවුරු
කඳු
දේශගුණය
මාර්ගෝපදේශ
බර
සිතියම
කන්ද
ස්වභාවය
දිශානතිය
උද්යාන
සකස් කිරීම
ගල්
සමුළුව
හිරු
වෙහෙසට
ජලය
කාලගුණය
වල්

70 - Professions #1

බ	◌ැ	◌ං	ක	◌ු	ක	ර	◌ු	ත	ච	ප	ක	ස	න
ඥ	ය	◌ා	ද	◌්	ව	◌ි	ක	◌ා	ර	◌ා	ත	◌ං	◌ා
ව	◌ි	ද	◌්	ය	◌ා	ඥ	ඡ	න	◌්	◌ෙ	ද	ග	ව
න	ඬ	ග	ණ	ජ	හ	ක	ව	◌ා	ල	ද	ඹ	◌ී	◌ි
ශ	ර	ඹ	ජ	ග	බ	ක	ඡ	ප	◌ේ	ඝ	ෆ	ත	ක
ඉ	ක	◌්	ය	ද	◌ි	◌ෙ	හ	ත	ට	ම	අ	ඥ	ය
ඵ	ඹ	ඥ	ත	◌ි	◌ී	න	ක	◌ි	ඟ	ක	ඵ	ය	◌ා
ද	ව	ඹ	ආ	න	ය	◌ා	ක	ම	◌ි	ර	◌්	◌ා	ක
ද	ඩ	ය	ක	◌්	ක	◌ා	ර	ය	◌ා	◌්	ඵ	ද	ෆ
ප	◌ු	හ	◌ු	ණ	◌ු	ක	ර	◌ු	ඉ	ත	ඡ	◌්	ඩ
ස	◌්	ව	ර	◌්	ණ	◌ා	හ	ර	ණ	◌ෘ	ඩ	ව	ක
ම	න	◌ෝ	ව	◌ි	ද	◌්	ය	◌ා	ඥ	ය	◌ා	◌ි	ප
ඖ	ෂ	ධ	ව	◌ේ	ද	◌ි	ය	◌ෙ	ක	◌්	ණ	◌ූ	ඵ
න	◌ී	ත	◌ි	ඥ	ය	◌ා	ම	ර	හ	ඟ	ත	හ	ම

නානාපති
තාරකා විද්යාඥ
නීතිඥ
බැංකුකරු
පුහුණුකරු
නර්තන
කර්තෘ
භූ විද්යාඥ
දඩයක්කාරයා
ස්වර්ණාභරණ
නීතිඥයා
කාර්මිකයා
සංගීතඥ
හෙදියක්
ඖෂධවේදියෙක්
මනෝවිද්යාඥයා
නාවිකයා
විද්යාඥ
වේලර්

71 - Barbecues

ප	ආ	හ	ඵ	හ	ද	ඹ	ඞ	ර	ට	ඬ	ත	ඳ	අ
ල	බ	ච	ළ	න	ක	◌්	ර	◌ී	ඩ	◌ා	ක	ල	ෆ
ආ	හ	ද	ව	න	ද	ෆ	ස	ඬ	ඳ	ස	◌්	◌ෝ	ස
◌ෙ	හ	ප	ළ	◌්	න	◌ි	ල	ඩ	අ	ඬ	ක	ස	ජ
ඇ	ඉ	◌ා	◌ු	ග	ල	ඹ	ව	ප	ඉ	ද	◌ා	ව	ස
ඇ	ප	◌ෙ	ර	◌ි	◌ේ	ට	ධ	◌ා	ප	ෆ	ල	ම	◌ං
ආ	ච	ම	◌්	ස	◌ු	◌ු	ණ	උ	ආ	ග	◌ි	ආ	ග
ණ	ල	◌ු	ණ	◌ු	ව	ණ	බ	ප	ප	හ	ඇ	අ	◌ී
ට	◌්	ම	ර	ක	ප	ව	◌ෙ	ච	◌ි	න	◌ා	ඹ	ත
න	ර	ස	ල	◌ා	ද	න	බ	ච	හ	අ	ත	ර	ය
ග	◌ි	ම	◌්	හ	◌ා	න	ය	ප	◌ි	ත	ජ	ද	ය
ව	◌්	ම	◌ි	ත	◌ු	ර	න	◌්	ධ	ෆ	ඩ	◌ෙ	ඳ
ත	ග	අ	ම	ද	ර	◌ු	ව	න	◌්	ඝ	ශ	ණ	ඟ
ක	◌ු	ක	◌ු	ළ	◌ු	ම	ස	◌්	බ	ර	ස	◌ෙ	ග

කුකුළු මස්
දරුවන්
පවුලේ
ආහාර
මිතුරන්
පල
ක්‍රීඩා
ග්‍රිල්
උණුසුම්
කුසගින්න
පිහි
දිවා ආහාරය
සංගීතය
සලාද
ලූණු
සෝස්
ගිම්හානය
තක්කාලි
එළවළු

72 - Chocolate

ව	ස	ව	ප	ආ	ය	න	ද	ඝ	ස	ත	ණ	ජ	ඩ
ට	ු	ි	ච	ඟ	ඇ	ඟ	අ	ඵ	ක	ු	ට	ක	න
්	ව	ද	ෙ	ද	ඟ	ව	ඝ	ද	ල	ු	බ	ඳ	අ
ට	ඳ	ේ	ව	ල	ධ	ඩ	ා	ඩ	ච	ඝ	ඩ	අ	ම
ෝ	ට	ශ	ශ	ඳ	ඝ	ු	ජ	ක	ට	ර	න	ු	ු
ර	ෆ	ී	ආ	ස	ම	ෙ	ව	ැ	ෝ	ක	බ	ව	ද
ු	ධ	ය	ක	්	ඇ	ශ	ම	න	ද	ො	ට	ක	්
ව	ෙ	ඟ	ම	ත	ය	ර	ි	්	ප	ඩ	ක	ැ	ර
බ	අ	ධ	ත	ව	ස	ි	ර	ඩ	ඬ	හ	ය	ර	ච
ඵ	ණ	ජ	්	ස	ර	හ	න	ි	ී	ස	ඹ	ම	්
ඡ	ද	ආ	ණ	ර	ධ	ි	ර	ඵ	ල	ච	හ	ල	ය
ජ	ආ	ය	ා	න	හ	ි	ග	ඵ	්	ැ	ඹු	්	ය
ර	ස	ද	ු	ඵ	ඟ	ම	ඟ	අ	ො	ම	ක	ප	ක
ධ	ධ	ෂ	ග	ඹු	ස	අ	ඳ	ප	ප	අ	න	ර	ඡ

සුවඳ
කටුක
කොකෝවා
කැලරි
කැන්ඩි
කැරමල්
පොල්
රසවත්
විදේශීය
ප්‍රියතම
රසය
අමුද්‍රව්‍යය
රටකජු
කුඩු
ගුණාත්මක
වට්ටෝරුව
සීනි
මිහිරි
රස

73 - Vegetables

ස	හ	ක	ව	ද	ඉ	ත	ශ	න	අ	හ	ක	ච	ජ
◌ු	ෆ	ව	◌්	ම	ල	ෂ	ප	◌ු	◌ි	ව	ත	◌ෙ	හ
ද	ලූ	◌්	◌ි	ම	◌්	හ	ඉ	◌ූ	ද	ව	ඇ	◌ු	ය
◌ු	න	ප	ල	◌ු	ප	බ	ට	ල	ඇ	ත	◌ි	ඇ	ස
ළ	ඔ	◌ි	ඔ	හ	ත	◌ු	ට	◌්	ර	◌ැ	ක	ත	ල
◌ූ	ත	ක	ස	◌ු	◌ා	◌ා	ව	◌ු	◌ි	ඉ	ණ	ට	◌ි
ණ	ක	ල	ල	ද	◌්	ර	◌ෙ	ඇ	ද	ඟ	ඉ	ර	ර
◌ු	◌්	◌ා	◌ා	◌ු	ර	ෆ	ග	හ	◌ි	◌ු	ව	◌්	බ
ම	ක	ක	ද	ප	අ	ධ	ර	අ	ල	ර	ච	න	ශ
ර	◌ා	◌ෘ	ග	◌ැ	න	ම	න	ෂ	◌්	◌ු	ර	◌ි	ල
ට	ල	ත	ය	ල	ණ	ර	ව	ඝ	◌ැ	ක	ග	ප	◌ෞ
ඝ	◌ි	◌ි	හ	◌ෑ	ල	◌ෙ	ධ	ල	ස	ණ	ණ	◌්	ට
ග	ලූ	◌ෙ	ජ	ට	ව	ට	◌්	ට	ක	◌්	ක	◌ා	◌්
ච	ෂ	ෂ	ජ	◌ි	ප	◌ි	ප	◌ි	ඤ	◌්	ඤ	◌ා	ප

කලාකෘති
කැරට්
සැල්දිරි
පිපිඤ්ඤා
වම්බටු
සුදුළූණු
ඉඟුරු
හතු
ඔලිව්
ලූනු

කව්පි
අර්තාපල්
වට්ටක්කා
රාබු
සලාද
මුහුදු පැලෑටි
ශලොට්
නිවිති
තක්කාලි
ටර්නිප්

74 - The Media

ඡ	ශ	ක	ත	ද	ෙ◌	ඝ	ල	◌්	ද	◌ු	ම	ර	අ
ය	ච	ද	ඬ	ඵ	ඳ	ඉ	බ	හ	අ	ම	ඹ	ජ	ධ
ම	ත	ය	ජ	ඡ	ඝ	ත	ඹ	ෂ	ප	ආ	ග	න	◌්
ක	ර	◌ු	ණ	◌ු	බ	◌ු	ද	◌්	ධ	◌ි	ම	ය	ය
ස	හ	ඇ	◌ි	ආ	ක	ල	◌්	ප	හ	ස	ඡ	ල	◌ා
න	ස	ග	◌ා	ඡ	ෙ◌	ස	ඟ	ඖ	ඇ	ඟ	◌ා	◌ා	ප
◌්	හ	ර	ව	ප	ද	ෙ◌්	ශ	◌ී	ය	ර	ය	ජ	න
න	ධ	අ	ද	අ	◌ූ	ය	ණ	ර	හ	◌ා	◌ා	ම	ය
◌ි	ස	◌ං	ස	◌්	ක	ර	ණ	ය	ච	හ	ර	හ	ඵ
ව	ක	ර	◌්	ම	◌ා	න	◌්	ත	ය	ආ	◌ූ	ජ	ඳ
ෙ◌්	හ	ආ	ම	ත	◌්	ප	ත	◌්	ව	◌ු	ප	න	බ
ද	ග	◌ු	ව	න	◌්	ව	◌ි	ද	◌ු	ල	◌ි	ල	ස
න	ද	ෂ	ය	ස	ව	ල	හ	න	ඟ	ඡ	ශ	ශ	ර
ඇ	ස	ඩ	◌ි	ජ	◌ි	ට	ල	◌්	ද	ඝ	ට	හ	ම

ආකල්ප
වාණිජ
සන්නිවේදන
ඩිජිටල්
සංස්කරණය
අධ්‍යාපනය
කරුණු
අරමුදල්
රූප
කර්මාන්තය
බුද්ධිමය
දේශීය
සඟරා
ජාලය
පුවත්පත්
මතය
ඡායාරූප
මහජන
ගුවන් විදුලි

75 - Boats

ර	ු	ව	ල	්	බ	ෝ	ට	්	ට	ු	ව	ඡ	ව
ු	ක	ා	ර	්	ය	ම	ණ	්	ඩ	ල	ය	න	ඩ
ා	ප	හ	ශ	ඳ	ි	ර	හ	ද	ඇ	ම	ෙ	ශ	ඝ
ප	ප	ඳ	ය	ක	ු	ජ	ස	ඩ	ඝ	ඹ	අ	ප	න
ව	ව	අ	ඵ	ෂ	බ	ඟ	ම	ජ	ි	්	න	ඵ	ඝ
ශ	ය	ම	ම	්	ර	ග	ු	ං	ැ	න	ෝ	ැ	ක
ව	ු	ය	ේ	ය	ක	ත	හ	ක	ඣ	ය	ක	ට	ඩ
න	න	ා	ව	ි	ක	ර	ු	්	ණ	ය	්	ු	ද
ඡ	ා	ය	ර	ඣ	ඩ	ං	ද	ව	අ	න	ා	අ	ඣ
ඝ	ම	ව	ධ	ව	ඝ	ග	ු	ල	ර	ෂ	ය	ණ	ද
ස	ම	ම	ි	ඵ	ි	ඉ	ම	ා	ද	ය	ක	ඳ	ව
ණ	ඉ	ව	ෆ	ක	ඹ	ල	ෆ	ා	ත	ම	බ	ඉ	ච
ඡ	ආ	බ	ඇ	ජ	ය	ස	ඉ	ම	ධ	ක	ණ	හ	ෂ
ෙ	ඞ	න	ඟ	ම	ඡ	ා	ස	ා	ග	ර	අ	ද	ඝ

නැංගුරම්
බූයි
කැනෝ
කාර්ය මණ්ඩලය
එන්ජිම
පාරු
කයාක්
විල
කුඹ
නාවික
සාගර
මාලාවක්
ගඟ
කඹය
රුවල් බෝට්ටුව
නාවිකයා
මුහුදු
තරංග
වුයේය

76 - Activities and Leisure

ම	ධ	ඵ	න	ර	ප	ණ	ෂ	ම	ඡ	ප	ක	ශ	ඝ
ල	ණ	ඉ	ප	ඞ	ස	◌ි	◌ං	ක	◌්	◌ො	බ	ල	ආ
ස	ර	◌්	ෆ	◌ි	න	◌්	හ	ඹ	ප	න	ත	හ	ප
ඹ	ඳ	ර	ල	◌්	බ	◌ෝ	ල	◌ි	◌ො	ව	ග	ඳ	◌ා
ෂ	ර	◌ු	◌ු	ව	ඳ	ක	ස	◌්	න	◌ි	◌ෙ	ට	ප
න	ද	◌ු	න	◌්	ප	ස	◌ි	◌ැ	ප	◌ු	බ	ව	න
ව	ග	◌ා	ව	ත	◌ු	ව	◌ෙ	ග	ස	ඵ	ම	ල	◌්
ග	ට	ල	හ	ක	ධ	◌ී	ව	ර	◌ං	හ	◌්	◌්	ද
අ	◌ො	ක	හ	ර	ජ	බ	අ	අ	ච	ම	ද	බ	◌ු
හ	ර	ල	ය	ධ	ඇ	ඝ	ප	ෆ	◌ා	ඳ	◌ු	◌ෝ	ඞ
ඇ	ප	ත	◌්	ඝ	ඇ	හ	ල	ඵ	ර	ෂ	ම	ස	ඝ
ඩ	ප	ඝ	ඵ	ෆ	ඡ	ඟ	ස	ද	ක	ශ	◌ි	◌්	හ
ම	ඡ	බ	ට	ඵ	◌්	ම	ඵ	ර	ඟ	ආ	◌ි	◌ේ	ර
ව	◌ි	න	◌ෝ	ද	◌ා	◌ං	ශ	ඵ	ර	ඟ	ක	බ	◌ෙ

කලා
බේස්බෝල්
පැසිපන්දු
බොක්සිං
කඳවුරු
කිමිදුම්
ධීවර
ගෙවතු වගාව
ගොල්ෆ්
විනෝදාංශ
ඔරුවක
පාපන්දු
සර්ෆින්
පිහිනුම්
ටෙනිස්
සංචාරක
වොලිබෝල්

77 - Driving

ර	◌ි	ය	ද	◌ු	ර	◌ු	ථ	ම	ග	ල	ප	ඹ	ප
ද	ඬ	ද	ග	ඳ	ඳ	ආ	ඇ	◌ෝ	ර	ම	ඡ	ඹ	◌ො
ධ	ඉ	◌ි	ර	ව	ප	ම	ඳ	ට	◌ා	ණ	උ	ශ	ල
ද	ට	◌ී	◌ි	ඇ	ෂ	ව	ෂ	ර	ජ	ය	ඳ	ෂ	◌ි
ඇ	ඔ	ව	◌ං	ඩ	ක	ඟ	ඔ	◌්	◌්	බ	ප	ඔ	ස
ට	න	ඔ	◌ි	ග	◌ෑ	ස	◌්	ර	ව	◌ේ	ග	ය	◌්
බ	ල	ප	ත	◌්	ර	ය	ඳ	ථ	ඩ	ප	ජ	ය	ඟ
ස	ල	ට	ෂ	ඹ	ඔ	ව	ථ	ග	ත	ද	ජ	◌ෙ	ශ
ඟ	◌ි	ආ	ර	ක	◌්	ෂ	◌ා	ව	අ	◌ි	බ	ෆ	ථ
ඉ	ණ	ත	ඹ	ඳ	ඩ	ඹ	න	ඳ	න	ක	ක	◌ෙ	ථ
ඩ	න	ද	◌ි	ප	◌ැ	ර	◌ු	◌ු	ත	ය	◌්	ප	ෆ
ර	ජ	◌්	ධ	ය	ම	ශ	ඔ	අ	◌ු	◌ා	ර	◌ා	ග
හ	ඩ	ඇ	ධ	ව	ම	ඡ	ඩ	ජ	ර	බ	◌්	ර	ප
න	ෂ	ජ	ෆ	න	හ	◌ා	ව	ථ	ර	◌්	ට	◌ෝ	ම

අනතුර
තිරිංග
මෝටර් රථ
රියදුරු
ඉන්ධන
ගරාජ්
ගෑස්
බලපත්‍රය
සිතියම
මෝටර්
යතුරු පැදි
පදිකයා
පොලිස්
පාර
ආරක්ෂාව
වේගය
වීදිය
රථවාහන
ට්‍රක්
උමග

78 - Professions #2

ර	ස	ා	ය	න	ය	ා	ක	ශ	ර	්	ම	ි	ව
ව	ර	ව	ච	ස	ආ	ග	ඝ	ල	ද	ග	ෙ	හ	ද
ඖ	ෛ	ර	්	ට	ර	ේ	ට	්	්	ස	ල	ඉ	ා
ප	ග	ද	ඩ	ද	ී	ව	ේ	ය	ධ	්	ා	ම	ර
ධ	ර	ෛ	්	ශ	ද	ඩ	ඬ	ව	ග	න	ඉ	ු	්
ද	ච	්	ව	ය	ච	ව	ශ	ෛ	ු	ය	ං	ය	ශ
ඝ	අ	ප	ය	ි	ව	ර	ත	ද	ර	උ	ජ	ි	න
ෙ	හ	ජ	ච	ේ	ඉ	ර	ඵ	්	ු	ජ	ි	න	ි
බ	ඵ	ජ	ඬ	ඬ	ෂ	ඹ	ය	ය	ව	ම	න	ඳ	ක
ම	ඵ	ඩ	ෂ	ඉ	බ	ක	ක	ා	ර	ත	ේ	ඝ	ය
ණ	ආ	ග	ග	න	ග	ා	ම	ී	ය	න	ර	ඇ	ා
ම	හ	ා	ච	ා	ර	්	ය	ඝ	ා	ඬ	ු	ය	බ
ර	හ	ස	්	ප	ර	ී	ක	්	ෂ	ක	ධ	ග	ය
ජ	ී	ව	ව	ි	ද	්	ය	ා	ඥ	ශ	ෂ	ඇ	ඇ

ගගනගාමී
ජීව විද්‍යාඥ
රසායන
රහස් පරීක්ෂක
ඉංජිනේරු
ගොවි
උයන්
ඉලස්ට්‍රේටර්
විමර්ශකයා
මාධ්‍යවේදී
දාර්ශනිකයා
වෛද්‍යවරයා
නියමු
මහාචාර්ය
පර්යේෂක
ශල්‍ය වෛද්‍ය
ගුරුවරයා

79 - Mythology

ම	න	◌ී	ග	◌ැ	◌ි	ළ	ප	හ	ල	ය	ඳ	ෆ	ෆ
ය	ම	◌ෙ	ෂ	◌ි	න	◌ි	ර	◌්	ම	◌ා	ණ	ය	ය
ස	ත	◌ා	ඟ	ණ	ග	අ	ඡ	බ	හ	ණ	ෆ	ත	ඡ
ඇ	ඹ	ජ	හ	ප	ඟ	◌ු	ශ	ආ	ඡ	ච	ත	◌ි	හ
◌ෙ	ඹ	ඳ	අ	ඵ	හ	ඉ	ර	◌ූ	ශ	ණ	ර	◌්	න
අ	ම	ර	ණ	◌ී	ය	ෆ	ර	◌ු	හ	න	ම	ක	ෆ
ඬ	ර	ග	◌ු	ශ	◌ා	ද	ප	ආ	ම	ඝ	ඩ	ශ	ණ
න	◌ී	ද	◌ු	ඬ	ෂ	ශ	ඬ	ට	ඝ	◌්	ත	ළ	ඟ
ග	ස	ච	ක	ශ	ක	ඊ	ර	◌්	ෂ	◌්	ය	◌ා	ව
ධ	◌ි	ච	අ	ත	◌්	න	◌්	ර	◌ි	බ	◌ේ	ල	ළ
ධ	◌ැ	ය	ෆ	ස	◌ා	ට	◌ෙ	ඹ	ආ	ණ	ශ	ඡ	ග
ධ	හ	ඇ	ත	බ	ර	ස	◌්	ව	ර	◌්	ග	ය	ග
ස	◌ං	ස	◌්	ක	◌ෘ	ත	◌ි	ය	◌ා	ර	◌ී	ව	න
ව	◌ි	ශ	◌්	ව	◌ා	ස	ය	න	◌්	ධ	ඝ	ව	ඬ

හැසිරීම
විශ්වාසයන්
නිර්මාණය
සතා
සංස්කෘතිය
ආපදා
ස්වර්ගය
වීරයා
අමරණීය
ඊර්ෂ්‍යාව
ලේබරින්ත්
අකුණු
රාක්ෂයා
පළිගැනීම
ශක්තිය
ගිගුරුම්
රණශූර

80 - Hair Types

ඡ	ච	ග	ම	ඟ	ෆ	හ	ඔ	න	ඳ	ප	ක	බ	ෂ
අ	න	ෂ	ඵ	◌ෘ	ත	◌ු	න	◌ී	ක	ළ	◌ු	◌ො	ර
ළ	ඬ	ක	ඡ	ඩ	ද	ධ	ඡ	ක	අ	ය	ඟ	ඳ	◌ැ
◌ු	ඟ	◌ෙ	ත	ධ	◌ී	◌ු	ශ	ච	◌ෙ	හ	ෆ	ච	ල
ඝ	ණ	ග	ඉ	ස	◌ි	ද	◌ි	ල	◌ි	ස	◌ෙ	න	◌ි
ග	න	ත	ට	◌ු	ර	ඹ	ඉ	ද	ච	ඔ	ර	ෂ	ස
◌ෙ	ඇ	◌්	ද	ද	ශ	ඟ	ක	◌ි	ඔ	◌ි	ඩ	ඟ	හ
ල	ම	ත	◌ු	◌ු	ඹ	ජ	ඡ	ග	ස	ල	ය	ඵ	◌ි
ද	ච	ම	ඹ	ක	◌ෙ	ට	◌ි	◌ු	ල	ඉ	ට	ළ	ත
බ	ඔ	◌්	◌ු	ම	ත	◌්	ක	◌ැ	ර	ල	◌ි	ද	◌ි
ඳ	ල	ස	ර	බ	ධ	ට	ඡ	ජ	ඟ	ය	ප	ඉ	ඵ
ත	ඡ	ර	◌ු	ද	ඳ	ත	ච	ඔ	ච	හ	ණ	ය	ට
ධ	ඳ	ධ	ප	ධ	ඬ	ච	න	ෆ	◌ෙ	හ	ඹ	ජ	හ
ස	◌ෞ	ඛ	◌්	ය	ස	ම	◌්	ප	න	◌්	න	හ	ණ

තට්ට
කළු
බොඳ
◌ෙගත්තම්
දුඹුරු
කැරලි
වියළි
අළු
සෞඛ්‍ය සම්පන්න
දිගු
දිලිසෙන
කෙටි
රිදී
මෘදු
ඝන
තුනී
රැලි සහිත
සුදු

81 - Diplomacy

ණ	ෆ	ර	අ	ච	ජ	ා	ර	්	ප	ඹ	අ	ච	ණ
ම	ස	ු	ව	ි	ි	ග	ජ	ග	ැ	ට	ු	ම	්
ස	ි	ච	ි	ක	්	ද	ය	ෂ	ී	න	ු	ා	ම
ඡ	බ	න	ත	හ	ම	ඬ	ේ	බ	ෆ	ඵ	ම	බ	ෂ
ඉ	ර	ා	ය	ා	ඹ	හ	ඝ	ශ	ඵ	ක	ශ	ජ	ඵ
බ	ඩ	ජ	න	ධ	ග	අ	බ	ණ	්	ඩ	ත	ා	ව
ච	ඟ	ෝ	ඩ	ග	ඇ	ී	ඩ	ඩ	ශ	න	ත	ච	ය
ආ	ව	ය	ෂ	න	ඳ	ෂ	ෝ	ල	ද	ණ	ා	්	ු
ම	ර	්	ධ	ර	ා	ච	ආ	ය	ක	ස	න	ක	ක
ඳ	ඩ	ක	ශ	ේ	ද	ප	උ	ෂ	හ	න	ා	ා	්
ඔ	ඔ	ක	්	ම	ඳ	ු	ස	ි	ව	ස	ප	ස	ත
ස	ඝ	ද	ධ	ෂ	ා	ා	හ	ඩ	ඹ	ට	ත	ග	ි
බ	ය	න	ළ	ප	ා	ශ	ේ	ද	ඡ	ෙ	ි	ධ	ය
ද	න	්	ය	ස	ි	ච	ැ	ර	ු	ප	ඟ	ට	ත

උපදේශක
තානාපති
පුරවැසියන්
සිවික්
ප්රජාව
ගැටුම්
සහයෝගීතාව
සාකච්ඡා
ආචාර ධර්ම
විදේශ
රජය
මානුෂීය
අඛණ්ඩතාව
යුක්තිය
භාෂා
දේශපාලනය
යෝජනාව
ආරක්ෂාව
විසඳුමක්
ගිවිසුම

82 - Countries #1

ඩ	ග	ග	ඇ	ඊ	න	ි	ක	ර	ග	ු	ව	ා	ව
න	ඥ	ඟ	ප	ශ	ම	ො	ර	ො	ක	්	ක	ෝ	ව
ණ	ර	ජ	ය	්	ප	ෝ	ල	න	්	ත	ය	ම	ම
ආ	ග	ර	ෙ	ර	ර	ඊ	ජ	ි	ප	්	ත	ු	ව
ල	ර	ව	ල	ා	ය	ු	ස	ි	න	ි	ෙ	ව	හ
ස	ැ	ඥ	හ	ය	ක	ජ	ම	න	ෝ	ර	්	ව	ේ
ක	්	ට	ඬ	ල	ා	ඥ	ධ	ේ	ම	ය	ත	ච	ග
ැ	ස	ප	්	ය	ර	ජ	ල	ඬ	න	න	ෆ	ඉ	හ
න	ෙ	ඉ	ා	ව	ඉ	ව	ය	ා	බ	ි	ි	ල	බ
ඩ	න	ත	ණ	ඤ	ි	ස	ඉ	ද	අ	ම	ය	ඩ	ෙ
ා	ෙ	ා	ම	ණ	්	ය	ම	ද	ෙ	්	ද	ා	ධ
ව	ග	ල	ඝ	ව	ර	ඤ	ා	ක	ර	ර	ඉ	හ	ව
ඬ	ල	ි	ප	ා	න	ම	ය	ව	ෂ	ජ	ක	ෆ	ග
ෂ	්	ය	ධ	ෆ	ි	න	්	ල	න	්	ත	ය	ඟ

කැනඩාව
ඊජිප්තුව
ෆින්ලන්තය
ජර්මනිය
ඉරාකය
ඊශ්රායලය
ඉතාලිය
ලැට්වියාව
ලිබියාව
මොරොක්කෝව
නිකරගුවාව
නෝර්වේ
පානම
පෝලන්තය
රුමේනියාව
සෙනෙගල්
ස්පාඤ්ඤය
වෙනිසියුලාව

83 - Adjectives #1

න	ූ	ත	න	ආ	ට	ව	හ	ල	ශ	ා	ි	ව	ව
ස	ෆ	්	ච	ල	ආ	ඵ	ි	ඝ	ස	ඩ	ඬ	භ	ට
ත	ශ	ග	ප	න	ඵ	ව	ට	ද	ජ	්	ඩ	ඝ	ි
අ	ම	ද	්	බ	ශ	ක	භ	ඳ	ේ	ග	ස	ආ	න
ව	ී	ැ	ර	බ	ල	ත	ප	ර	බ	ශ	ම	න	ා
ං	ග	ව	ය	ණ	ී	ෂ	්	ර	ක	ආ	ී	ආ	ඵ
ක	ා	ධ	ෝ	ඵ	ශ	ඇ	ඹ	ු	ච	ව	ක	ය	ඇ
භ	ද	ප	ජ	ඩ	ී	ය	හ	ු	ස	ක	ා	ඝ	ර
ඹ	්	ණ	න	ධ	ග	ඬ	ට	ඳ	ස	ල	ෂ	ෂ	ෝ
ස	න	ව	ව	ශ	ය	ට	ඬ	අ	ඉ	ා	ල	බ	ම
ඩ	ම	ස	ත	ඹ	ා	ත	ු	න	ී	ත	ා	ජ	ැ
ඇ	ඵ	ා	්	ව	්	ඵ	ඇ	ඬ	ඉ	්	ි	ජ	ට
ස	ය	ඟ	න	ඵ	ත	ම	අ	ර	ල	ම	හ	ච	ි
න	ි	ර	ප	ේ	ක	්	ෂ	ධ	ච	ක	අ	ශ	ක

නිරපේක්ෂ
අභිලාෂකාමී
ඇරෝමැටික
කලාත්මක
ආකර්ෂණීය
ලස්සන
අඳුරු
විදේශීය
ත්‍යාගශීලී
බර
ප්‍රයෝජනවත්
අවංක
විශාල
සමාන
වැදගත්
නූතන
බරපතල
මන්දගාමී
තුනී
වටිනා

84 - Technology

ඟ	ෂ	ස	ත	ග	්	ල	ො	්	බ	ද	ත	්	ත
බ	ෆ	ක	ද	ක	ජ	ඔ	ෆ	ණ	ධ	ය	ග	ඇ	ට
ර	්	ව	ය	ා	ව	ණ	ජ	ඩ	ඵ	ව	ි	අ	ප
ශ	ග	ර	ඩ	ං	ත	ත	ග	ර	ඩ	ෂ	ල	ට	ල
ර	ො	ා	ව	ද	අ	ර	ව	ච	ච	ා	ට	ල	්
ත	න	ම	ි	ු	අ	න	්	ත	ර	්	ජ	ා	ල
ි	ු	ැ	ි	ෘ	ස	න	ඡ	න	ද	ක	ෂ	ප	්
ර	ව	ක	ණ	ම	ඬ	ර	ක	ඹ	ජ	ර	ග	ර	ට
ය	ඝ	ය	ප	ට	ණ	ය	ය	ර	ඡ	ආ	ධ	ි	ජ
ප	ර	්	ය	ේ	ෂ	ණ	්	හ	්	ඡ	හ	ග	ි
ඵ	න	ජ	ස	ත	ණ	ධ	ත	ල	න	ස	ඉ	ණ	ි
ට	ච	හ	ර	ඩ	ඔ	ඹ	ඨ	ල	හ	ඔ	ර	ක	ඩ
ක	ල	අ	ෞ	ජ	ඇ	ඵ	අ	ය	න	ඵ	ය	ය	ඵ
ඇ	ඡ	ත	ව	ම	ත	ට	ඳ	ඡ	ඳ	ඹ	ඳ	ග	ජ

බ්ලොග්
බ්‍රවුසරය
බයිට්
කැමරාව
පරිගණක
කර්සරය
දත්ත
ඩිජිටල්
ගොනුව
අන්තර්ජාල
පණිවිඩය
පර්යේෂණ
තිරය
ආරක්ෂාව
මෘදුකාංග
අථත්‍ය
වෛරසය

85 - Landscapes

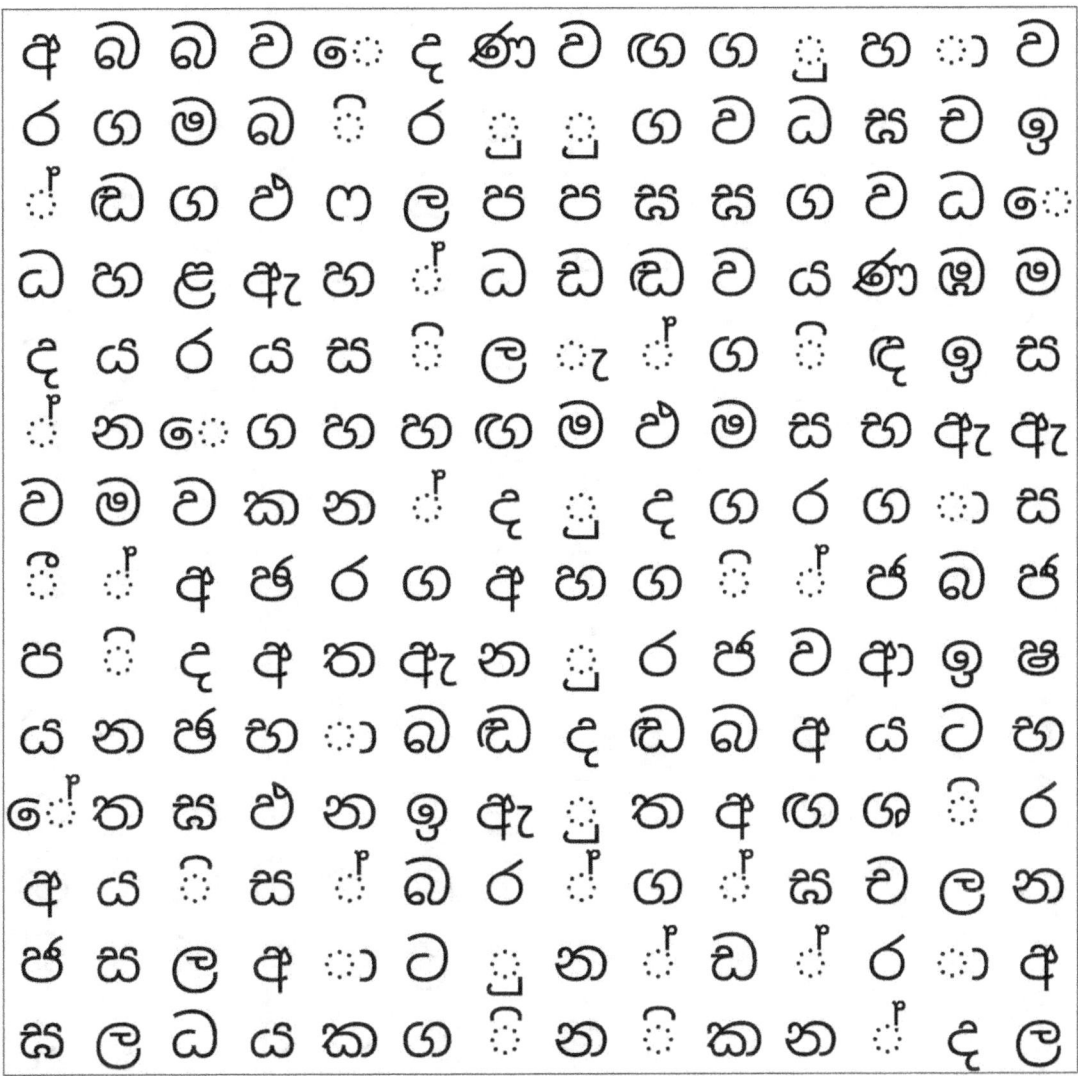

අ	බ	බ	ව	ෙ◌	ද	ණ	ව	ඟ	ග	◌ු	හ	◌ා	ව
ර	ග	ම	බ	◌ි	ර	◌ු	◌ු	ග	ව	ධ	ඝ	ච	ඉ
◌්	ඬ	ග	ඵ	ෆ	ල	ප	ප	ඝ	ඝ	ග	ව	ධ	ෙ◌
ධ	හ	ළ	ඇ	හ	◌්	ධ	ඩ	ඬ	ව	ය	ණ	ඹ	ම
ද	ය	ර	ය	ස	◌ි	ල	◌ැ	◌්	ග	◌ි	ඳ	ඉ	ස
◌්	න	ෙ◌	ග	හ	හ	ඟ	ම	ඵ	ම	ස	හ	ඇ	ඇ
ව	ම	ව	ක	න	◌්	ද	◌ු	ද	ග	ර	ග	◌ා	ස
◌ී	◌්	අ	ඡ	ර	ග	අ	හ	ග	◌ි	◌්	ජ	බ	ජ
ප	◌ි	ද	අ	ත	ඇ	න	◌ු	ර	ජ	ව	ආ	ඉ	ෂ
ය	න	ඡ	හ	◌ා	බ	ඬ	ද	ඬ	බ	අ	ය	ට	හ
ෙ◌්	ත	ඝ	ඵ	න	ඉ	ඇ	◌ු	ත	අ	ඟ	ශ	◌ි	ර
අ	ය	◌ි	ස	◌්	බ	ර	◌්	ග	◌්	ඝ	ච	ල	න
ජ	ස	ල	අ	◌ා	ට	◌ු	න	◌්	ඩ	◌්	ර	◌ා	අ
ඝ	ල	ධ	ය	ක	ග	◌ි	න	◌ි	ක	න	◌්	ද	ල

වෙරළ
ගුහාව
කාන්තාර
ගයිසර්
ග්ලැසියරය
හිල්
අයිස්බර්ග්
දිවයින
විල

කන්ද
සාගර
අර්ධද්වීපයේ
ගඟ
මුහුදු
වගුරු බිම
ටුන්ඩ්රා
නිම්නය
ගිනිකන්ද

86 - Plants

උ	ස	ඩ	ධ	ය	ර	අ	ය	◌ි	ච	◌ි	ම	ඉ	උ
ව	ද	ශ	ර	ර	ශ	අ	ඔ	ඵ	ධ	ශ	ක	◌ු	ණ
◌ෘ	ත	◌්	ක	ඳ	ත	ර	ඔ	ධ	ව	◌ා	හ	ස	ල
ක	ණ	ල	හ	ච	ව	ඵ	ග	ෆ	ල	ක	බ	ෆ	ස
◌්	ඝ	ම	ස	◌ි	◌ා	ප	ස	ඬ	ත	ප	ඳ	ඉ	ෆ
ෂ	අ	ස	ඟ	◌ං	ද	න	ද	ණ	◌ෘ	ත	ඇ	ඔ	ක
ල	අ	හ	ඳ	◌ෝ	ක	ව	ඵ	ෂ	ෂ	◌්	◌ු	බ	◌ෙ
ත	ඔ	ඝ	ෆ	බ	ඳ	ම	◌ි	ඹ	ර	ර	◌ී	◌ෙ	බ
◌ා	ග	ස	ප	◌ෙ	ත	◌ි	ල	ද	ක	බ	ල	ස	ඝ
ද	ඬ	ල	ප	◌ො	හ	◌ො	ර	ස	◌්	ත	ට	ජ	ඩ
◌ි	න	ඬ	ඹ	ධ	ය	ට	ල	ඝ	◌ො	ය	ඇ	◌ෙ	න
ය	බ	ෆ	ඔ	ත	ආ	ව	ආ	ඬ	ත	ඵ	◌ා	ඹ	හ
ඳ	ක	ද	ඉ	ඹ	ඝ	න	ය	උ	ප	ඝ	ජ	ග	ඹ
ච	ච	ට	හ	ස	හ	ෂ	ද	ජ	ච	අ	ම	ස	ද

උණ
බෝංචි
බෙරී
මල
උද්භිද විද්‍යා
බුෂ්
පතොක්
පොහොර
මල්
ශාක පත්‍ර

වන
උයන
තෘණ
අයිවි
පාසි
පෙති
මූල
කඳ
ගස
වෘක්ෂලතාදිය

87 - Countries #2

ෆ	ෆ	ඩ	ඉ	ඇ	ල	්	බ	ේ	න	ි	ය	ා	ව
ඹ	බ	ඊ	ය	ත	ට	න	ේ	ප	ා	ල	ය	ක	ධ
ට	ත	ඬ	ව	බ	ි	ව	ය	ා	ස	ි	ු	ර	ද
ෂ	ජ	ණ	ට	ආ	ි	ය	ක	ප	ට	ඳ	ණ	උ	හ
ය	ප	ඳ	අ	ඉ	ය	ා	ෝ	ජ	ඊ	ල	ඉ	ග	න
ජ	ප	ා	න	ය	හ	ර	ස	ප	ණ	ත	න	න	ය
ඩ	ෂ	ෙ	හ	ය	ග	ි	ි	ව	ි	හ	ඟ	්	ි
ඹ	ර	ය	ග	ෆ	්	බ	ක	ග	ස	ය	අ	ඩ	ජ
ඬ	ෙ	ධ	ඩ	ස	ර	ී	්	ර	ු	හ	ා	ා	ී
ල	ා	ඕ	ස	ය	ී	ි	ෙ	ස	ඩ	ෂ	ඝ	ව	ර
ග	ද	ඬ	ත	ධ	ස	ය	ම	හ	ා	ට	ක	ස	ි
හ	ග	ඇ	ස	ම	ි	ල	න	්	න	බ	ෙ	ල	ය
හ	ආ	ම	ෙ	ර	ය	ම	බ	ආ	ය	ග	ර	ඟ	ා
ඩ	ෙ	න	්	ම	ා	ර	්	ක	ය	ඇ	ග	ඝ	ව

ඇල්බේනියාව
ඩෙන්මාර්කය
ඉතියෝපියාව
ග්‍රීසිය
හයිටි
ජපානය
ලාඕසය
ලෙබනන්
ලයිබීරියාව
මෙක්සිකෝ
නේපාලය
නයිජීරියාව
රුසියාව
සුඩානය
උගන්ඩා

88 - Adjectives #2

ඝ	න	ෆ	ඬ	ක	ධ	ධ	ඵ	ඇ	ල	ව	ල	◌්	ව
ත	න	◌ි	ද	◌ි	ම	ත	අ	ල	ම	ත	හ	ස	◌ි
ක	ආ	ඝ	ෂ	ඵ	ධ	ය	ල	ආ	ද	ච	ඡ	ස	ස
උ	ණ	◌ු	ස	◌ු	ම	◌්	◌ං	ඛ	ඵ	◌ා	ල	ෂ	◌්
ශ	හ	◌ු	ට	ආ	ණ	ත	ක	ජ	ඝ	ච	ය	ආ	ත
ක	ඩ	බ	◌ු	ස	ට	ස	◌ා	ල	ෆ	ශ	ෆ	◌ී	ර
◌්	ද	◌ූ	ඬ	ල	ය	◌ි	ර	බ	◌්	ම	ඩ	ආ	◌ා
ත	ර	ඛ	ම	ක	ව	◌ි	හ	◌ා	ව	◌ා	◌්	ස	ත
◌ි	ස	ඳ	හ	ඹ	◌ි	ප	ක	බ	ඉ	ක	ඇ	ෙ◌	◌්
ම	ව	ස	ම	ආ	ය	ර	ර	ස	ඩ	හ	න	ඛ	ම
ත	ත	හ	ෂ	ඹ	ළ	ග	ඉ	ව	අ	ග	ව	ද	ක
◌්	◌්	න	ජ	ය	◌ි	ච	ට	ඇ	ෂ	ක	◌ි	ඇ	හ
ස	◌ෞ	බ	◌්	ය	ස	ම	◌්	ප	න	◌්	න	න	ව
න	◌ි	ර	◌්	ම	◌ා	ණ	◌ා	ත	◌්	ම	ක	ෆ	◌ි

සත්‍ය
නිර්මාණාත්මක
විස්තරාත්මක
වියළි
අලංකාර
දූ
සෞඛ්‍ය සම්පන්න
උණුසුම්
බඩගිනි

රසවත්
ස්වාභාවික
නව
ඵලදායී
ආඩම්බරයි
ලූණු
නිදිමත
ශක්තිමත්
වල්

89 - Psychology

ළ	ප	◌ෞ	ර	◌ු	ෂ	ත	◌්	ව	ය	ප	ස	ච	හ
ම	◌්	ක	◌ී	ද	◌ැ	◌්	ත	අ	ඹ	ඳ	න	◌ි	◌ැ
◌ා	◌්	ය	ධ	ප	න	ධ	ස	ඵ	අ	න	ට	ක	ස
ක	ඵ	ශ	ථ	න	◌්	ස	◌ු	හ	◌ි	◌ි	ස	◌ි	◌ි
◌ා	ර	◌ෙ	◌ී	◌ා	ඩ	ශ	ම	ප	ද	හ	ස	ත	ර
ල	බ	ඬ	ප	◌ැ	ර	ඝ	ර	ශ	ස	අ	◌ං	◌්	◌ී
ය	හ	ය	ත	ෆ	හ	◌්	ය	ජ	◌ං	බ	ජ	ස	ම
ග	◌ැ	ට	◌ු	ම	◌්	න	ථ	ප	ව	ල	◌ා	◌ා	ව
ස	◌ා	ය	න	◌ි	ක	ය	ෆ	ය	◌ේ	ප	න	ව	ඬ
ණ	ද	ය	හ	ඩ	ද	ක	ල	හ	ද	◌ෑ	න	ම	◌ෙ
ස	◌ි	හ	◌ි	න	ශ	ත	ල	ද	න	ම	ය	ට	ආ
ධ	ඵ	ය	◌ෙ	ෂ	ච	ම	ඹ	ශ	ය	◌්	ඊ	ග	◌ෝ
ග	◌ැ	ට	ල	◌ු	ව	ස	◌ි	ත	◌ු	ව	◌ි	ල	◌ි
ත	ක	◌්	ස	◌ේ	ර	◌ු	න	ද	ව	ඇ	හ	◌ෙ	ජ

තක්සේරු
හැසිරීම
ළමා කාලය
සායනික
ගැටුම්
සිහින
ඊගෝ
හැඟීම්
අත්දැකීම්
අදහස්
බලපෑම්
මතකයන්
සංජානනය
පෞරුෂත්වය
ගැටලුව
යථාර්ථය
සංවේදනය
චිකිත්සාව
සිතුවිලි
සිහිසුන්

90 - Math

ස	ය	ආ	ඵ	ඪ	ඇ	ඉ	ප	ර	ි	ම	ා	ව	ඇ
බ	ෘ	ඉ	ත	ෙ	ෂ	ද	ණ	ඡ	න	ඝ	අ	උ	ඡ
හ	ප	ජ	ස	ම	ම	ි	ත	ි	ය	ක	අ	ප	ස
ු	ර	ඉ	ු	ආ	ප	බ	ඵ	ණ	ව	ච	ර	ා	ම
අ	ි	ය	ණ	ක	ෝ	ර	ි	්	ත	ර	ය	ධ	ා
ස	ම	ප	ත	ං	ෝ	ස	ප	ස	ණ	ග	්	ි	න
්	ි	භ	ග	අ	ය	ණ	ර	ක	ී	ම	ස	ග	්
ර	ත	ෙ	ඉ	ද	ග	ෝ	ා	ඡ	ට	ශ	ම	ප	ත
ම	ි	ද	ණ	ත	ා	ක	ච	ස	ව	ද	භ	ර	ර
ට	ය	ධ	ඉ	ඬ	හ	අ	ය	ද	්	ඇ	ව	ි	ඵ
අ	ං	ක	ග	ණ	ි	ත	ම	ය	ක	ර	ව	ධ	ෆ
ස	ම	ා	න	්	ත	ර	ක	ර	ණ	ය	ය	ි	ධ
ජ	්	ය	ා	ම	ි	ත	ි	ය	හ	ශ	ආ	ය	ද
ච	ි	ෂ	්	ක	ම	්	හ	ය	ය	ම	භ	ච	ය

කෝණ
අංක ගණිතමය
පරිධිය
දශම
උපාධි
විෂ්කම්භය
සමීකරණය
භාගය
ජ්‍යාමිතිය
අංක
සමාන්තර
සමාන්තරකරණය
පරිමිතිය
බහුඅස්ර
අරය
සෘජුකෝණාස්රය
වර්ග
සමමිතිය
ත්‍රිකෝණය
පරිමාව

91 - Water

ග	ත	ඝ	ෆ	ප	ත	ආ	ද	ජ	ව	ඉ	ක	න	ද
අ	ය	ඝ	ඝ	ග	◌ං	ර	ත	ඳ	◌ා	හ	◌ි	ම	ස
හ	ක	◌ි	ද	ය	ඔ	◌්	◌ෙ	ආ	ර	ග	◌ා	ස	අ
ය	ඳ	ට	ස	ණ	ඇ	ද	ත	ය	◌ි	ඬ	හ	◌ි	ය
ර	ශ	ඟ	අ	ර	ම	◌්	ම	ව	ම	ර	ම	◌ැ	◌ි
ත	ඝ	ධ	ක	ක	◌්	ර	න	ජ	◌ා	ල	ආ	ව	ස
◌ු	ක	ශ	ඹ	ප	ස	ත	ය	ඳ	ර	ඟ	ත	ඔ	◌්
ව	ඇ	ඹ	හ	◌ී	◌ෝ	◌ා	ර	ඔ	◌්	ර	ව	ෂ	ම
◌ං	◌ි	ල	ර	ෂ	ම	ව	ත	ව	ග	ධ	ෂ	ශ	ණ
ග	ග	ල	ෆ	◌්	ශ	ය	ද	ෂ	හ	ල	ද	ඉ	ඵ
ෆ	ග	ඟ	ජ	◌ා	බ	හ	බ	ඔ	ද	ඳ	ක	ප	ට
ඩ	ඉ	ජ	ඩ	ව	ධ	ග	ම	ද	ඹ	ද	ජ	බ	ණ
ස	◌ු	ළ	◌ි	ක	◌ු	ණ	◌ා	ට	◌ු	ව	ඹ	ඳ	බ
ඬ	ව	◌ා	ෂ	◌්	ප	ඳ	ග	ආ	ඵ	ඉ	ඹ	ඹ	ග

ඇල
වාෂ්පීකරණය
ගංවතුර
ගයිසර්
ආර්ද්රතාවය
සුළි කුණාටුව
අයිස්
වාරිමාර්ග
විල
තෙතමනය
මෝසම්
සාගර
වැසි
ගඟ
ෂවර්
හිම
වාෂ්ප
තරංග

92 - Activities

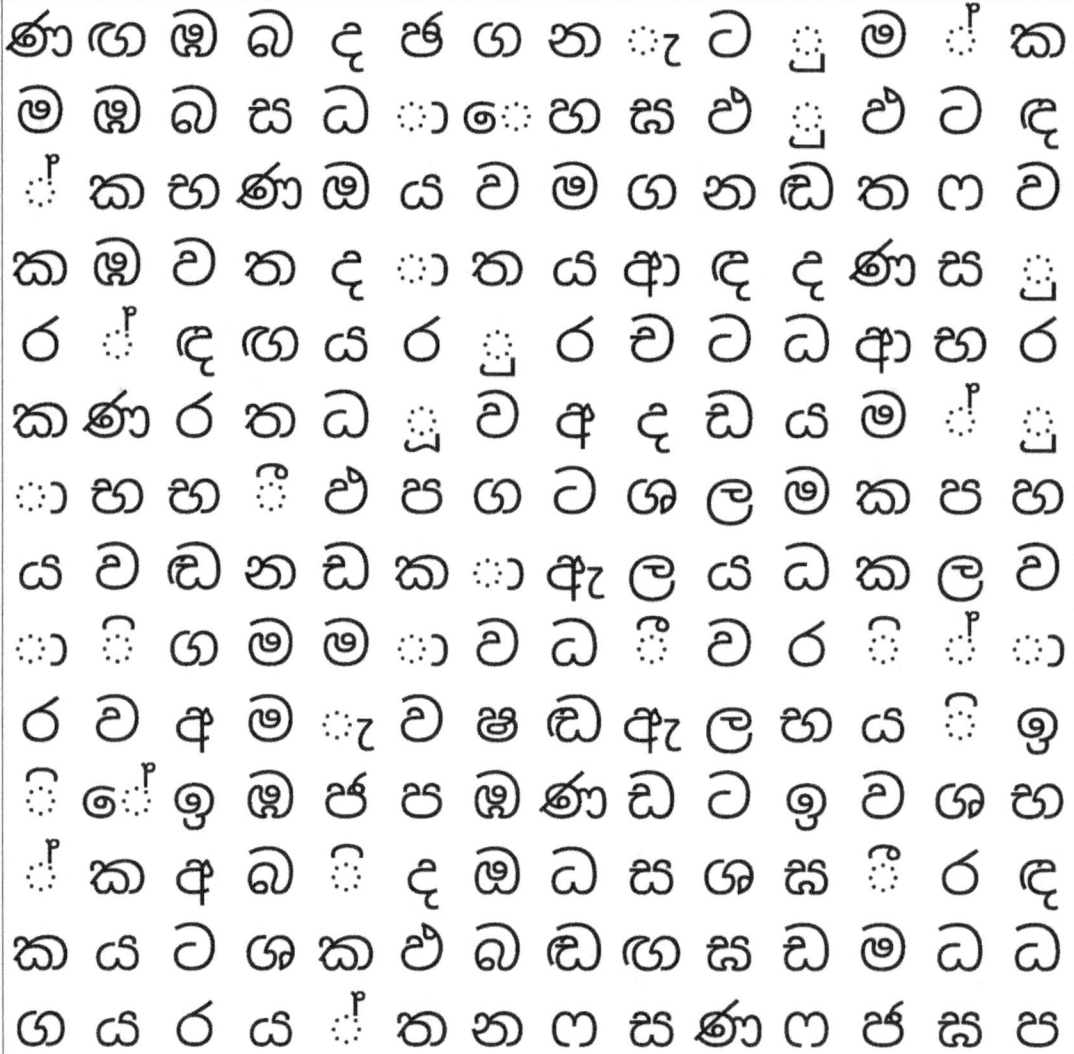

ණ	ඟ	ඹ	ඛ	ද	ඡ	ග	න	◌ැ	ට	◌ු	ම	◌්	ක
ම	ඹ	ඛ	ස	ධ	◌ා	◌ෙ	හ	ඝ	ඵ	◌ු	ඵ	ට	ඳ
◌්	ක	හ	ණ	ඔ	ය	ව	ම	ග	න	ඬ	ත	ෆ	ව
ක	ඹ	ව	ත	ද	◌ා	ත	ය	ආ	ඳ	ද	ණ	ස	◌ු
ර	◌්	ඳ	ඟ	ය	ර	◌ු	ර	ච	ට	ධ	ආ	හ	ර
ක	ණ	ර	ත	ධ	◌ූ	ව	අ	ද	ඩ	ය	ම	◌්	◌ු
◌ා	හ	හ	◌ී	ඵ	ප	ග	ට	ශ	ළ	ම	ක	ප	හ
ය	ව	ඬ	න	ඩ	ක	◌ා	ඇ	ළ	ය	ධ	ක	ළ	ව
◌ා	◌ි	ග	ම	ම	◌ා	ව	ධ	◌ී	ව	ර	◌ි	◌්	◌ා
ර	ව	අ	ම	◌ැ	ව	ෂ	ඬ	ඇ	ළ	හ	ය	◌ි	ඉ
◌ි	◌ේ	ඉ	ඹ	ජ	ප	ඹ	ණ	ඩ	ට	ඉ	ව	ශ	හ
◌්	ක	අ	ඛ	◌ි	ද	ඔ	ධ	ස	ශ	ඝ	◌ී	ර	ඳ
ක	ය	ට	ශ	ක	ඵ	ඛ	ඬ	ඟ	ඝ	ඩ	ම	ධ	ධ
ග	ය	ර	ය	◌්	ත	න	ෆ	ස	ණ	ෆ	ජ	ඝ	ප

ක්‍රියාකාරකම්
කලා
කඳවුරු
ශිල්ප
නැටුම්
ධීවර
ක්‍රීඩා
ගෙවතු වගාව
දඩයම්
විවේකය
මැජික්
ඡායාරූප
සතුට
කියවීම
මහන

93 - Business

ක	බ	ද	ු	බ	ච	ඵ	ප	ක	ග	ව	ආ	ඳ	හ
ව	ෙ	ළ	ඳ	ස	ැ	ල	හ	ා	න	ි	ය	ච	ඝ
ේ	ම	ක	ත	ල	ඉ	්	ශ	ර	ු	ක	ෝ	ඩ	ර
ස	්	ූ	ර	හ	ශ	ද	ආ	්	ද	ි	ජ	ම	ල
ය	ය	ය	ල	බ	ඡ	ු	ත	ය	ෙ	ණ	න	ආ	ා
ර	ා	ල	ඹ	්	ඡ	ම	ඵ	ා	න	ී	ය	ග	හ
ද	ද	ණ	ධ	ඡ	ය	ල	ම	ල	ු	ම	න	ඇ	ය
ධ	ආ	ඝ	න	ෂ	ම	ො	ග	ය	ව	ට	ආ	ඩ	ැ
ඹ	ධ	ද	ච	ර	ු	ක	ා	න	ම	ළ	ක	ෆ	ව
ව	ට	්	ට	ම	්	්	ම	න	ර	ය	ඹ	ජ	ය
ච	ඡ	බ	ඩ	ද	ස	ක	ස	ඬ	ස	ල	ඟ	ට	අ
ද	ඇ	ල	ර	ඇ	ට	ා	ව	ෂ	ට	ස	හ	ඵ	ඹ
ඇ	න	ඵ	ඳ	ස	ේ	ව	ා	ය	ෝ	ජ	ක	ය	ා
ප	ි	ර	ි	ව	ැ	ය	ත	ී	ත	්	ෘ	ව	ඩ

ලොක්කා
අයවැය
වෘත්තීය
සමාගම
පිරිවැය
මුදල්
වට්ටම්
සේවක
සේවායෝජකයා
මූල්‍ය
ආනයන
ආදායම්
ආයෝජන
කළමනාකරු
කාර්යාලය
ලාභය
විකිණීමට
වෙළඳසැල
බදු
ගනුදෙනුව

94 - The Company

න	ග	ණ	ට	ය	ඳ	ය	ඬ	ශ	ෆ	ඉ	ඬ	ය	ධ
ග	◌ි	◌ෝ	හ	ඉ	ප	ණ	ව	ස	ම	◌්	ප	ත	◌්
◌ු	අ	ර	ල	න	අ	ර	බ	ද	ඇ	ර	ඬ	◌ි	ඡ
ණ	ව	ප	◌්	◌ී	ගු	◌ී	◌ෙ	ව	ර	හ	ඹ	ග	ප
◌ා	ද	◌ා	ව	ම	ය	ත	න	◌්	ම	◌ා	◌්	ර	ක
ත	◌ා	ය	◌ෘ	ක	◌ා	◌ා	ද	ආ	ල	ඔ	ගු	◌්	ස
◌්	න	◌ා	ත	◌ී	ක	ණ	ප	ඳ	ද	ධ	ශ	ප	අ
ම	ම	◌්	◌්	ර	◌ි	ව	◌ා	ත	ඹ	◌ා	ස	ධ	ක
ක	◌්	ව	ත	◌්	◌ැ	ර	ෂ	ත	ප	ව	ය	ධ	න
ඵ	ද	ආ	◌ී	ත	ර	◌්	◌්	ගු	◌්	ට	බ	ම	ආ
ත	ඬ	ය	ය	◌ි	ජ	ප	◌ි	හ	ගු	ම	ජ	ඵ	◌්
ඔ	බ	◌ෝ	ඬ	ය	◌්	ව	න	ඒ	ක	ක	ක	බ	ග
හ	ග	ජ	ඹ	ඉ	ද	◌ි	ර	◌ි	ප	ත	◌්	ර	ෆ
ඇ	ක	න	හ	◌ැ	ක	◌ි	ය	◌ා	ව	ගු	ස	ණ	ස

ව්‍යාපාර
නිර්මාණාත්මක
තීරණය
රැකියා
ගෝලීය
කර්මාන්තය
නව්‍ය
ආයෝජන
හැකියාව
ඉදිරිපත්
නිෂ්පාදන
වෘත්තීය
ප්‍රගතිය
ගුණාත්මක
කීර්තිය
සම්පත්
ආදායම්
අවදානම්
ප්‍රවණතා
ඒකක

95 - Literature

ඇ	ය	ඟ	ඬ	ක	බ	ේ	ද	ව	ා	ච	ක	ය	ච
ට	න	ජ	ෆ	න	ව	ා	ත	ක	ව	න	හ	ව	ර
ඒ	ම	ෙ	ල	ස	න	ි	ත	ේ	ම	ා	ව	ෂ	ි
ත	ග	ච	ක	ඹ	ං	ඉ	ය	ද	ව	ා	ං	ස	ත
ක	ි	ප	ය	්	ර	ස	ව	ඹ	ග	ජ	ඹ	න	ා
ර	න	හ	ර	ත	ඩ	ෂ	න	ඒ	ණ	ි	ට	න	ප
ක	ර	්	ත	ෘ	ප	ෝ	ඝ	්	ධ	ො	අ	බ	ද
න	ඇ	ඒ	ස	ධ	්	ඬ	ට	ඬ	ද	ල	ව	ට	ා
ය	ම	ද	්	ි	ර	ර	ඡ	්	ෆ	න	ඡ	ඡ	න
ඡ	ප	ය	ි	ර	බ	ජ	හ	ධ	ච	ඇ	ය	ආ	ය
ව	අ	ල	ව	ර	න	ක	ා	ව	්	ය	ම	ය	ෆ
ෂ	ප	ි	බ	ඒ	්	ඒ	ආ	ව	ා	ම	ප	උ	ම
ප	හ	ෞ	හ	ම	ධ	ප	ඡ	ශ	ඳ	ත	ඩ	අ	ඟ
ව	ි	ශ	්	ල	ේ	ෂ	ණ	ය	ි	ය	ය	ස	ර

ඇනලොජි
විශ්ලේෂණය
ඇනෙක්ඩෝට්
කර්තෘ
චරිතාපදානය
සංසන්දනය
නිගමනය
විස්තරය
සංවාදය
ප්‍රබන්ධ
උපමාව
නවකතාව
මතය
කවිය
කාව්‍යමය
රසයයි
රිද්මය
ශෛලිය
තේමාව
ඛේදවාචකය

96 - Geography

හ	ූ	ම	ි	ප	්	ර	ද	ේ	ශ	ය	ඩ	ක	ම
ශ	ග	ක	ම	අ	ග	ට	ඉ	ඟ	ට	හ	ක	ල	හ
ක	ෂ	ම	ඔ	ඹ	ඝ	ඝ	ම	ත	ජ	ම	ට	ා	ා
ෙ	ඝ	ා	ණ	ට	ඹ	ඹ	ය	න	ඇ	ප	ද	ප	ද
ඡ	ය	ච	ං	ස	ඉ	ස	ත	ඔ	හ	ෆ	ඔ	ය	්
හ	හ	ර	න	්	ය	ඩ	ි	ර	ි	ෙ	ම	ේ	ච
හ	ග	ඡ	ය	ල	ක	ස	ි	ි	ග	ග	ය	ච	ී
ණ	අ	ආ	ි	්	ෝ	අ	ස	හ	න	ා	ච	ආ	ප
ු	ඇ	ඝ	ච	ට	ල	ය	ෂ	ට	ර	ග	ස	ච	ය
ු	ද	ග	ි	ඇ	ඡ	ඩ	ඟ	බ	ච	ට	ර	ඹ	ල
ක	න	්	ද	ු	හ	ු	ු	ම	ඇ	ශ	ග	ය	ප
ද	බ	උ	න	්	න	ත	ා	ං	ශ	ය	ඟ	ඔ	ඬ
අ	ර	්	ධ	ග	ෝ	ල	ය	ේ	ග	ච	ග	බ	ෂ
ච	ශ	ත	ප	ඔ	ස	හ	ෙ	උ	ත	ු	ර	ු	න

උන්නතාංශය
ඇට්ලස්
නගරය
මහාද්වීපය
රට
අර්ධගෝලයේ
දිවයින
අක්ෂාංශ
සිතියම
මෙරිඩියන්
කන්ද
උතුරු
සාගර
කලාපයේ
ගඟ
මුහුදු
දකුණු
භූමි ප්‍රදේශය
බටහිර
ලෝකය

97 - Pets

ප	ශ	ු	ව	ෛ	ද	්	ය	ල	ජ	ඡ	ච	ආ	ඩ
ඔ	ඇ	ප	ඟ	ච	හ	ආ	බ	ඹ	ඔ	ර	ඇ	ක	ම
ස	ව	ඝ	ණ	ට	ග	ව	ෂ	බ	ල	්	ල	ා	ව
ඹ	ඪ	ග	ග	ෆ	ෆ	ට	න	ස	ෙ	ට	ඳ	ල	ු
ෂ	ු	ළ	ඵ	න	ල	ක	ඔ	ය	ර	ස	ඹ	ළ	ස
ක	ට	ු	ස	්	ස	ා	හ	ෙ	ග	්	ජ	බ	්
අ	ඇ	ා	ව	ග	ච	ය	හ	බ	ග	ම	බ	ප	ජ
ක	ල	ම	ල	ල	ව	ා	බ	ෑ	ස	්	ැ	ක	ග
හ	ෆ	ෙ	ි	ක	ය	ා	ට	ි	ප	ැ	ු	ල	බ
හ	ා	ස	ග	ම	ෙ	ඡ	ර	ය	ඬ	හ	හ	ව	ඟ
ඟ	ශ	ව	ය	ද	ඇ	ශ	ා	ි	ට	ප	ර	ක	ත
ෂ	ඇ	අ	ා	ඵ	හ	ෆ	හ	අ	ග	ප	ඔ	ඝ	හ
ඟ	ඵ	ඡ	ඩ	ල	ජ	ඇ	ආ	ක	ඉ	ල	ඳ	ඇ	ආ
ඝ	ෂ	ද	ෙ	න	ශ	හ	බ	බ	ඉ	අ	අ	ප	ෙ

බළලා
කරපටි
ගව
බල්ලා
මාළු
ආහාර
එළු
හැම්ස්ටර්
කටුස්සා
මවුස්
ගිරවා
බලු පැටියා
හාවා
වලිගය
කැස්බෑවා
පශු වෛද්‍ය
ජලය

98 - Jazz

ප	ස	අ	ඉ	ඳ	ඟ	ව	බ	ඵ	ශ	ග	ඹ	බ	ඹ
◌ැ	ඬ	හ	ව	ඇ	ස	ව	ඟ	ල	ඩ	ප	ඩ	ම	ඩ
ර	◌ෙ	බ	න	ධ	ල	ධ	ස	ඹ	ප	ධ	ඝ	බ	ව
ණ	ඡ	ම	ෂ	ඉ	◌ා	◌්	ෂ	ක	ඟ	◌ෑ	ය	ජ	◌ි
◌ි	ප	ත	ෆ	ෂ	ත	ර	බ	ශ	ෂ	ඬ	ම	න	ද
ස	◌ං	ය	◌ු	ත	◌ි	ය	ණ	ම	ය	ක	ද	◌්	◌ි
ප	ප	ත	ත	ද	බ	ඬ	ෂ	ය	ය	ත	◌්	ස	හ
◌්	◌්	◌ී	◌ා	ක	ද	ත	බ	හ	ස	ජ	◌ි	ළ	ක
ර	ර	ග	ක	◌්	ව	◌ා	ද	ක	ප	හ	ර	ප	◌ි
ස	ස	ල	◌්	ෂ	ඬ	ස	◌ං	ග	◌ී	ත	ය	◌ො	න
◌ං	◌ි	ප	ෂ	ත	ඩ	බ	ල	ම	ඬ	ඹ	ල	◌්	◌්
ග	ද	ඬ	ණ	◌ා	ය	ර	ඝ	ෆ	ජ	ශ	◌ි	ත	ෂ
ය	◌්	ච	ය	ත	ස	ද	ච	ෆ	ප	ආ	◌ෞ	අ	ව
අ	ධ	ශ	ඟ	ව	ධ	ස	ට	ඇ	ව	ඹ	ශ	ඡ	ප

ඇල්බමය
අත්පොළසන්
සංයුතිය
ප්‍රසංගය
බෙර
අවධාරණය
ප්‍රසිද්ධ
විදිහකින්
බලපෑම්

සංගීතය
නව
පැරණි
වාදක
රිද්මය
ගීතය
ශෛලිය
දක්ෂතා
තාක්ෂණය

99 - Nature

බ	අ	ම	◌ී	ම	◌ැ	ස	◌්	ස	න	◌්	ට	ව	ව
ඟ	◌ා	හ	ශ	◌ා	ක	ප	ත	◌්	ර	බ	ෆ	ල	ල
ප	ඩ	ද	ය	ර	ය	ස	◌ි	ල	◌ැ	◌්	ග	◌්	◌ා
ළු	හ	ව	න	හ	ග	ඟ	භූ	භූ	ෆ	ල	ද	ල	ක
හ	◌ු	ශ	ව	ය	◌ූ	ම	◌ී	ද	◌ු	ම	ත	ණ	◌ු
ග	න	ඳ	හ	ණ	ට	ම	◌ී	ක	◌ා	ම	◌ා	ස	ළ
අ	ල	◌ං	ක	◌ා	ර	ය	◌ි	ෙ◌	භූ	න	ඳ	ර	◌ු
බ	ස	ජ	◌ි	බ	ත	ඝ	ඟ	ය	න	◌ි	ඝ	ඇ	බ
ඟ	හ	ඝ	ත	ය	◌ා	ළු	ආ	ජ	◌්	ව	හ	ව	ද
ප	ව	ඟ	ග	හ	න	◌්	◌ු	ත	ස	ර	ය	◌ැ	ල
ජ	ජ	ඉ	ව	භූ	◌්	ඩ	හ	න	◌ු	◌්	ඟ	ද	ඝ
ජ	ද	ණ	හ	භ	◌ා	ව	අ	ග	◌්	ත	ඝ	ග	ව
හ	ශ	ල	හ	ට	ක	හ	ව	ඝ	න	න	ච	ත	ඝ
ආ	ක	◌්	ට	◌ි	ක	◌්	ෂ	ග	ස	ද	හ	◌්	ම

සතුන්
ආක්ටික්
අලංකාරය
මී මැස්සන්
වලාකුළු
කාන්තාර
ගතික
බාදනය
මීදුම
ශාක පත්‍ර
වන
ග්ලැසියරය
කඳු
සාමකාමී
ගඟ
අභයභූමිය
සන්සුන්
නිවර්තන
වැදගත්
වල්

100 - Vacation #2

ත	න	ඝ	න	ර	ශ	ඬ	ම	ජ	ර	ක	ඟ	හ	ක
ඹු	ඩ	◌ි	ඹු	අ	ත	ප	◌ු	ර	ය	ඇ	ව	◌ෝ	◌ූ
ඹ	ළ	ඹ	ව	ය	අ	ව	හ	ක	ප	බ	◌ෙ	ට	ඩ
ප	ර	◌ූ	ය	◌ා	◌ා	ඡ	◌ු	ම	ර	ක	ම	ල	◌ා
ඵ	◌ෙ	ෂ	ම	හ	ඩ	ඡ	ද	ෂ	ත	ශ	ඳ	◌්	ර
ඇ	ව	ඡ	හ	ෂ	ය	◌ු	◌ු	ර	◌්	ඟ	ට	◌ු	ම
ග	◌ු	ව	න	◌්	ත	◌ො	ට	◌ු	ප	ල	◌ැ	ව	ද
ශ	ණ	ඝ	ය	ග	න	ස	ඝ	◌ු	ල	ව	ක	◌ි	◌ු
හ	ද	ච	◌ි	ම	◌්	◌ි	ච	ව	බ	◌ී	◌්	ව	ම
ද	බ	◌ේ	ව	න	◌ා	ත	ත	ඳ	◌්	ස	ස	◌ේ	◌්
ආ	ර	ධ	◌ි	ෆ	න	◌ි	ඇ	ක	න	◌ා	◌ි	ක	ර
බ	ඉ	ශ	ද	ව	ම	ය	ස	ඇ	ම	අ	ඇ	ය	◌ි
ඳ	ඝ	◌ෙ	ආ	ඉ	ග	ම	ආ	ශ	ග	ෆ	ව	හ	ය
◌ෙ	ඹු	ජ	ප	◌්	ර	ව	◌ා	හ	න	ඹ	ස	ඟ	ශ

ගුවන්තොටුපල
වෙරළ
කඳවුරු
ගමනාන්තය
විදේශ
නිවාඩු
හෝටල්
දිවයින
ගමන
විවේකය
සිතියම
කඳු
ගමන් බලපත්‍ර
ඡායාරූප
මුහුදු
ටැක්සි
කූඩාරම
දුම්රිය
ප්‍රවාහන
වීසා

1 - Antiques

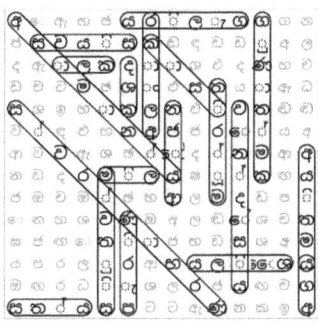

2 - Food #1

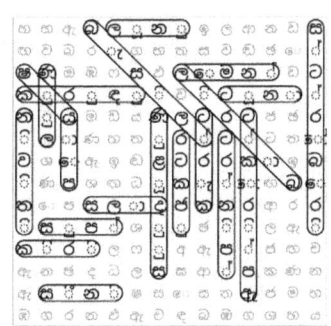

3 - Measurements

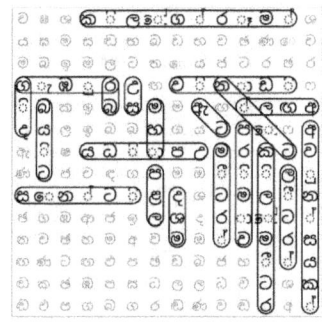

4 - Farm #2

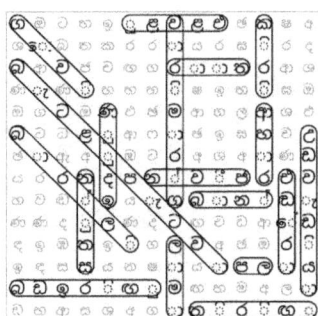

5 - Books

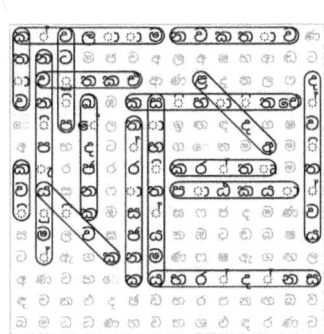

6 - Meditation

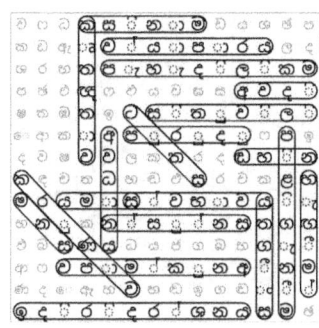

7 - Days and Months

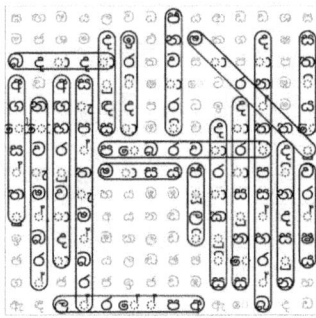

8 - Energy

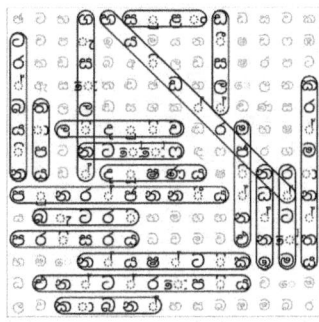

9 - Chess

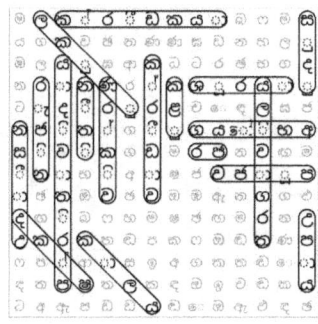

10 - Archeology

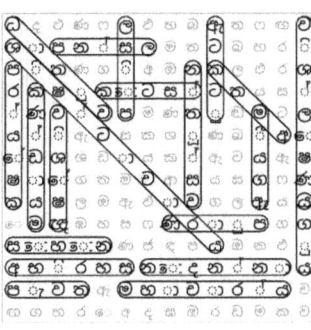

11 - Food #2

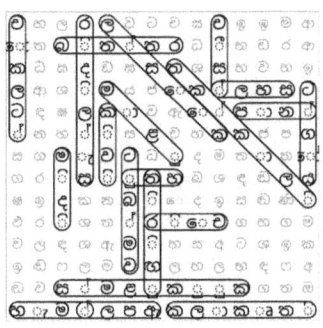

12 - Chemistry

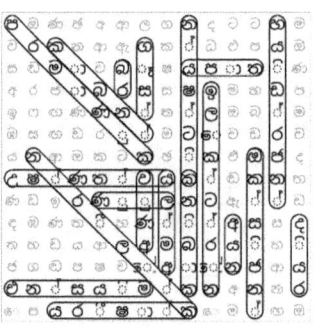

13 - Music

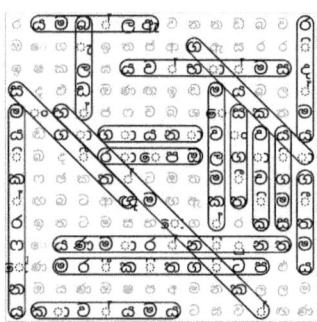

14 - Family

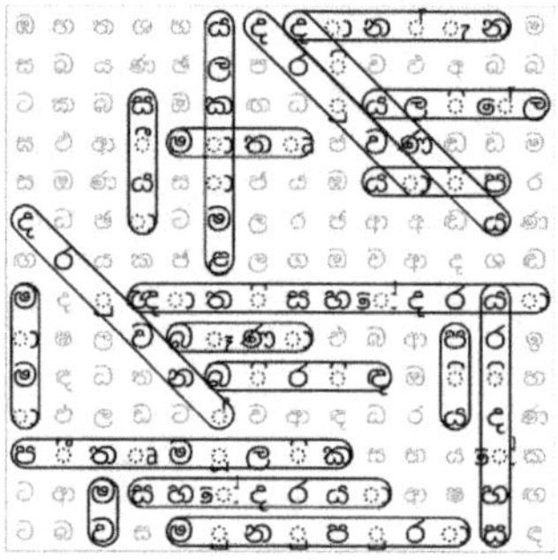

15 - Farm #1

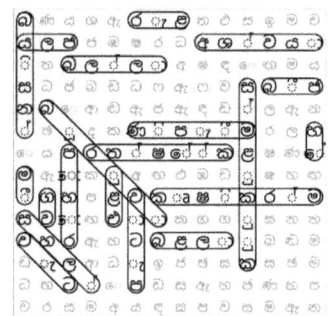

16 - Camping

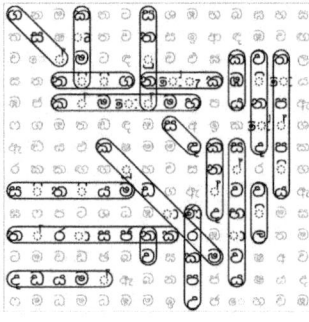

17 - Safety

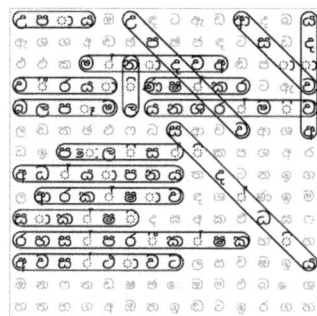

18 - Numbers

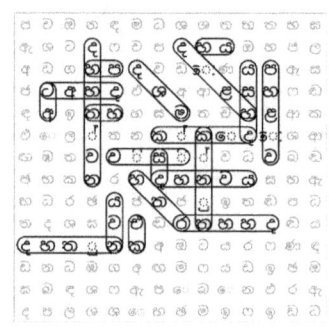

19 - Spices

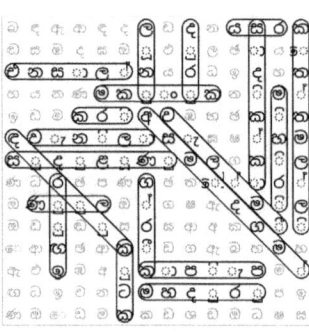

20 - Universe

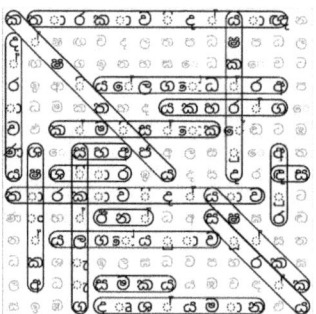

21 - Mammals

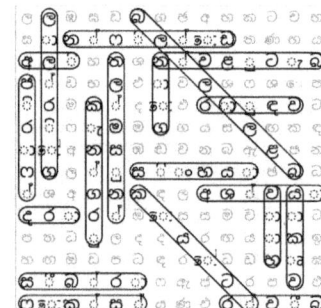

22 - Restaurant #1

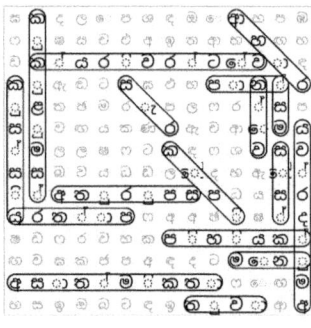

23 - Bees

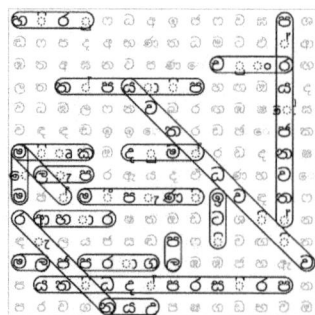

24 - Photography

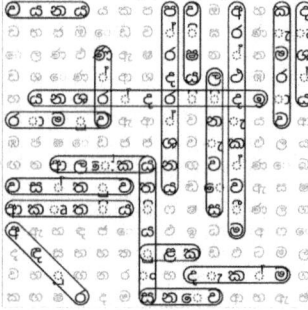

25 - Weather

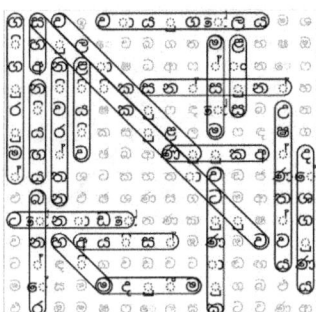

26 - Adventure

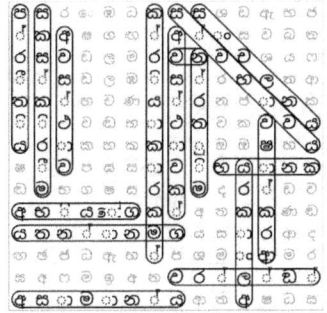

27 - Circus

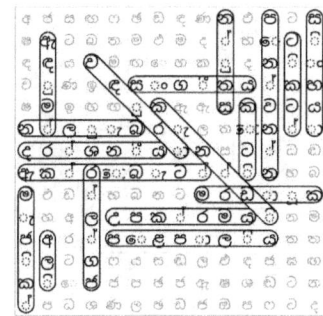

28 - Restaurant #2

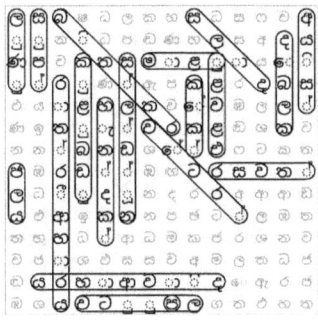

29 - Geology

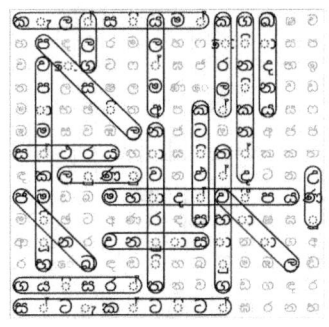

30 - House

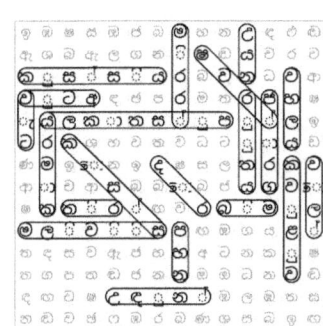

31 - Physics

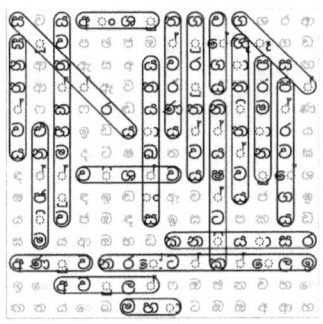

32 - Coffee

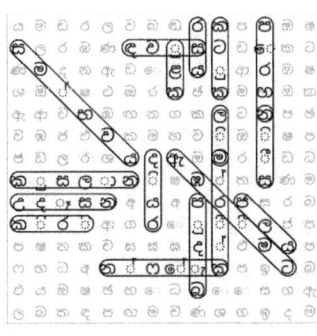

33 - Colors

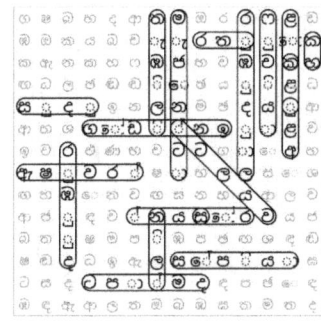

34 - Shapes

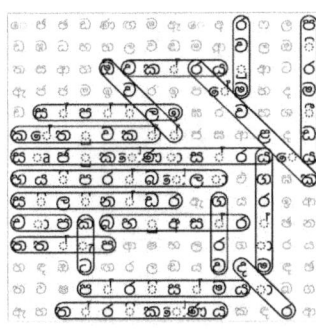

35 - Scientific Disciplines

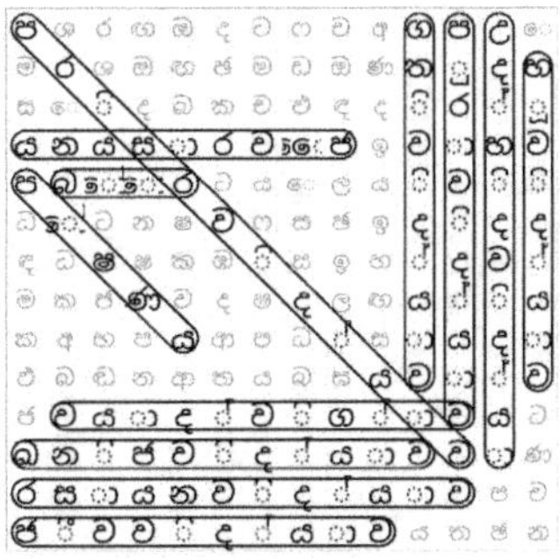

36 - Science

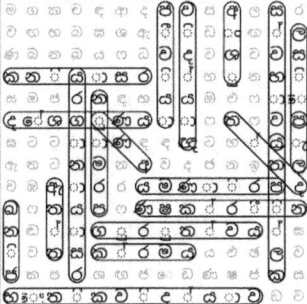

37 - Beauty

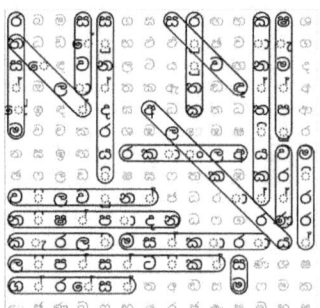

38 - Clothes

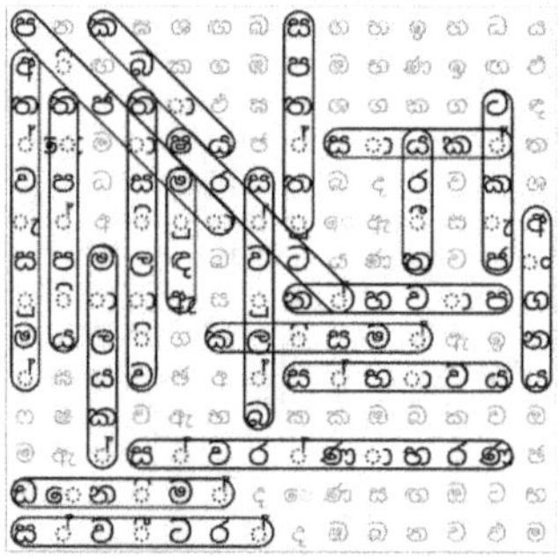

39 - Ethics

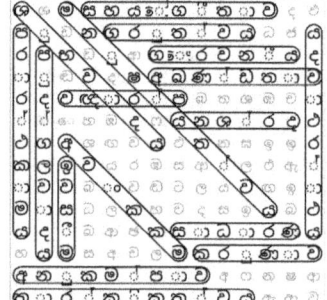

40 - Insects

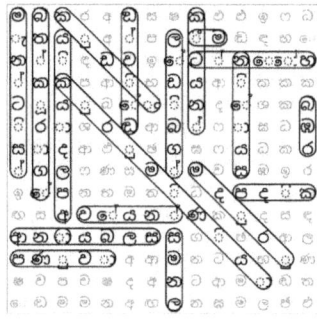

41 - Astronomy

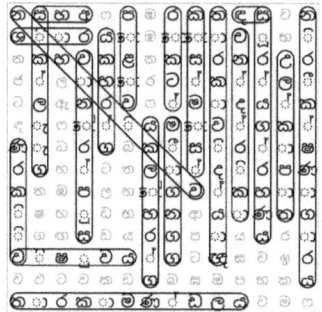

42 - Health and Wellness #2

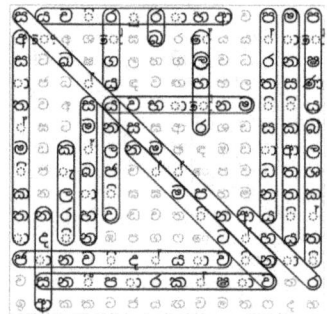

43 - Time

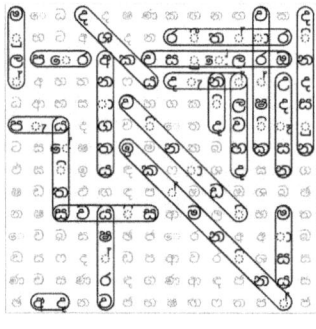

44 - Buildings

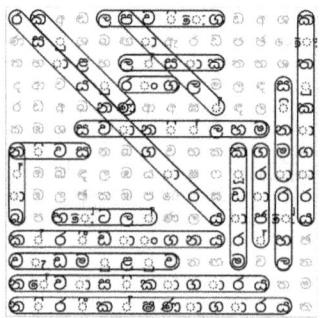

45 - Philanthropy

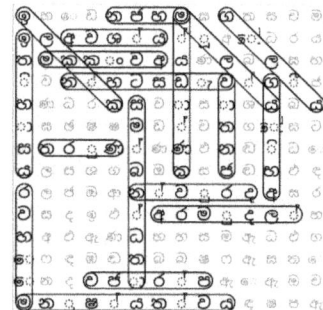

46 - Gardening

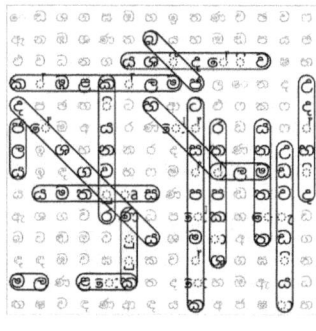

47 - Herbalism

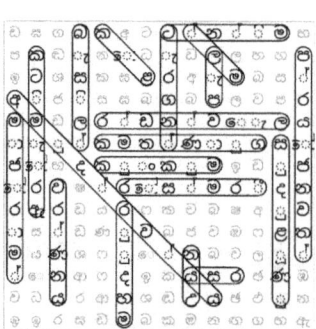

48 - Vehicles

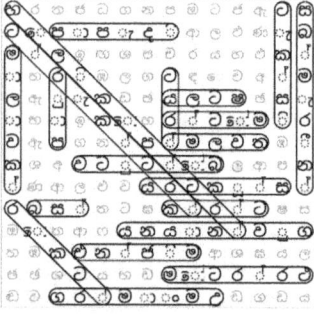

49 - Flowers

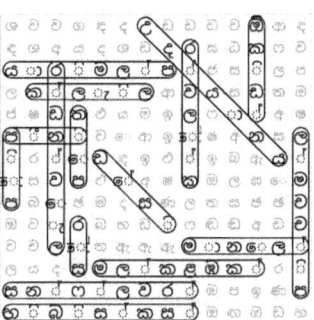

50 - Health and Wellness #1

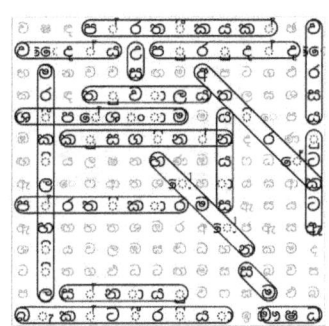

51 - Town

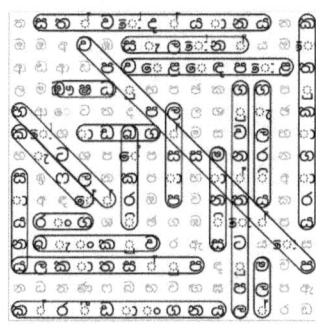

52 - Antarctica

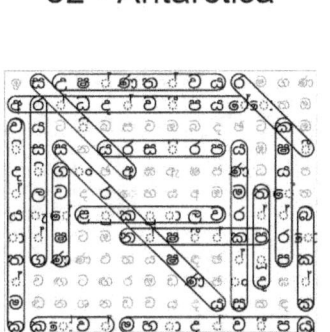

53 - Fashion

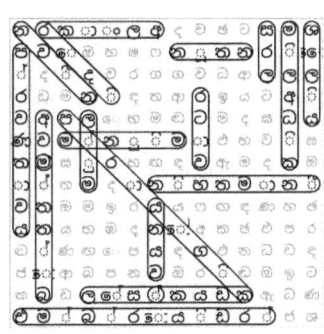

54 - Human Body

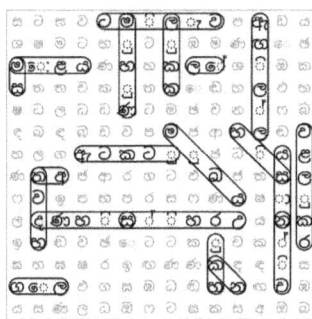

55 - Musical Instruments

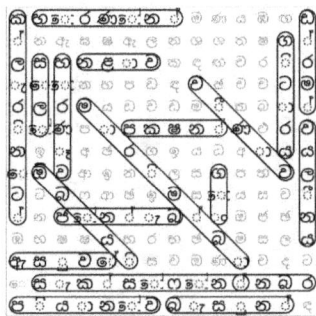

56 - Fruit

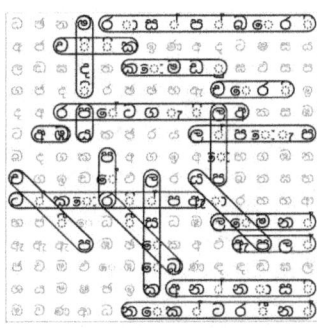

57 - Engineering

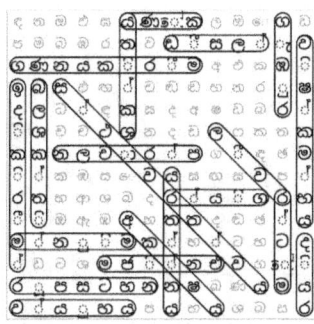

58 - Kitchen

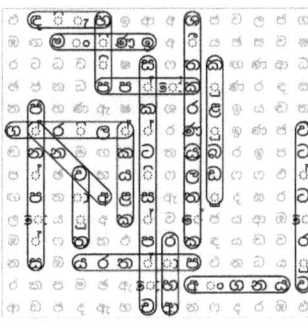

59 - Government

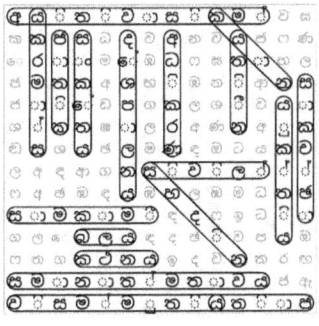

60 - Art Supplies

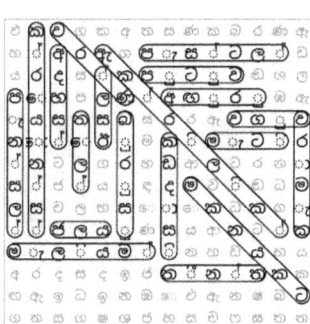

61 - Science Fiction

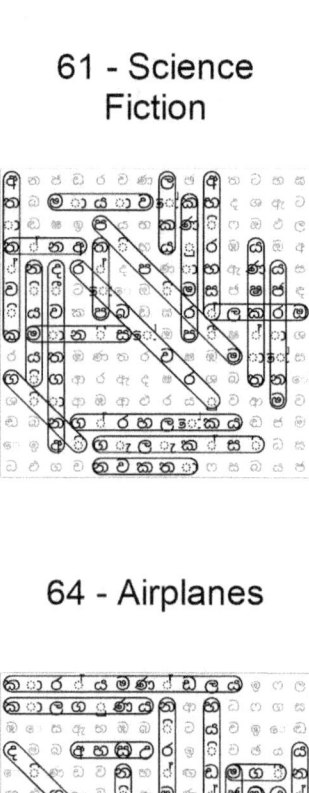

62 - Geometry

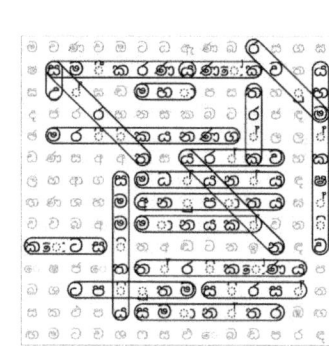

63 - Creativity

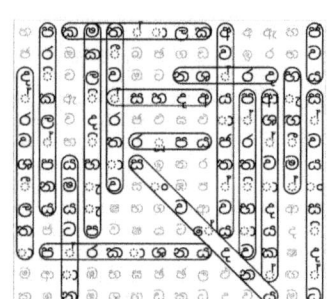

64 - Airplanes

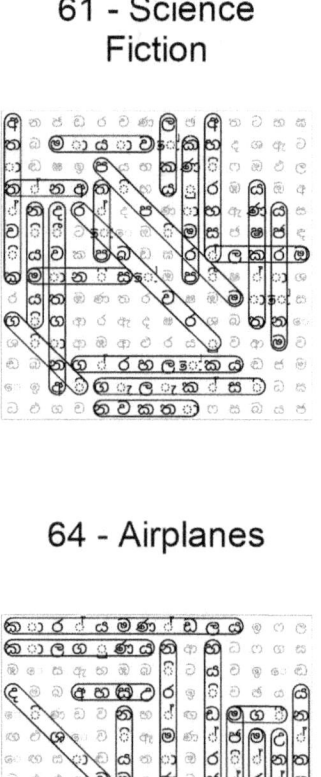

65 - Ocean

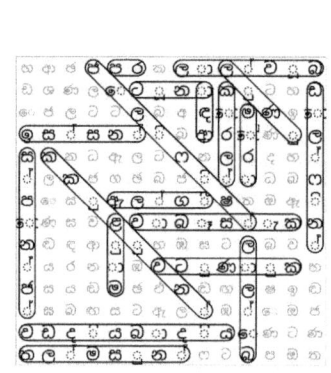

66 - Force and Gravity

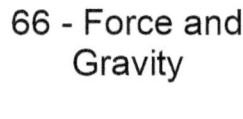
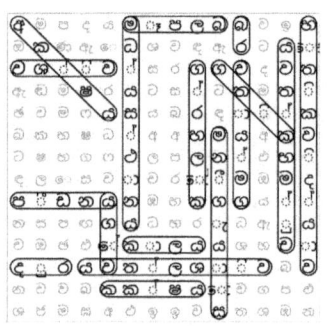

67 - Birds

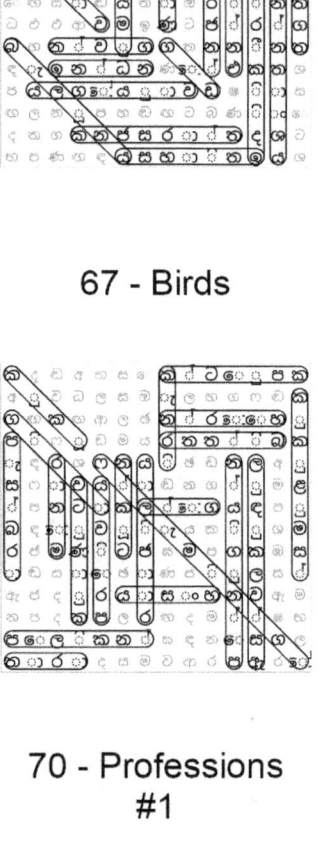

68 - Nutrition

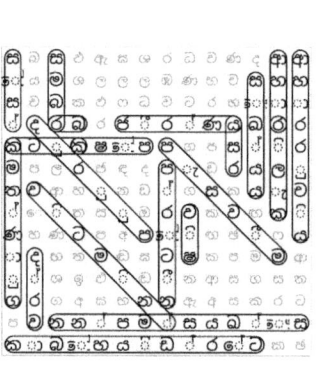

69 - Hiking

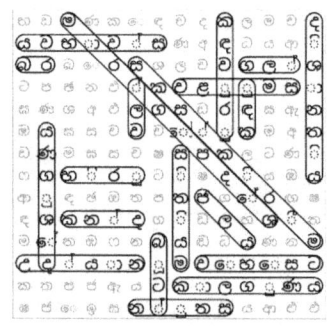

70 - Professions #1

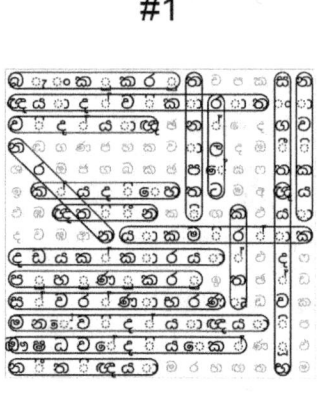

71 - Barbecues

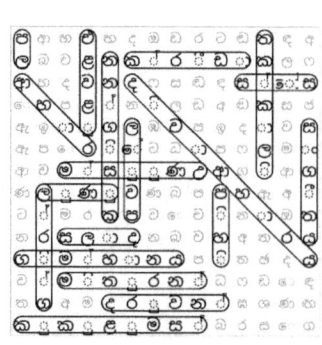

72 - Chocolate

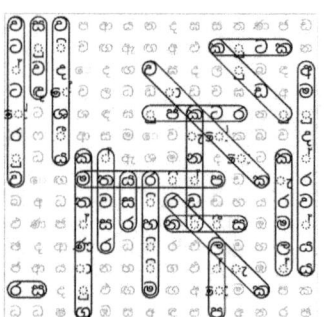

73 - Vegetables

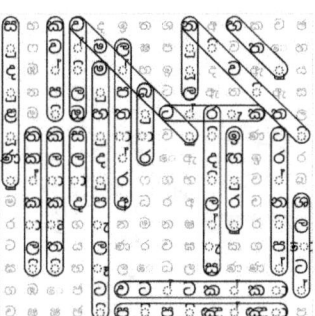

74 - The Media

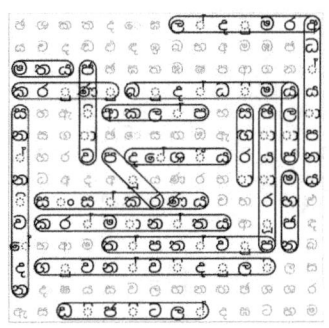

75 - Boats

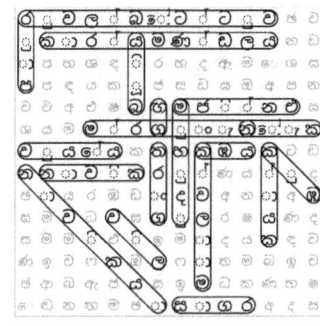

76 - Activities and Leisure

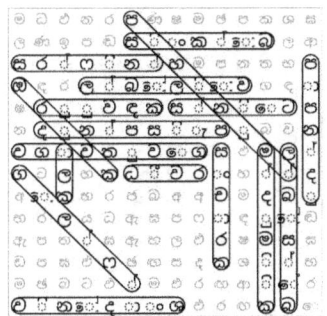

77 - Driving

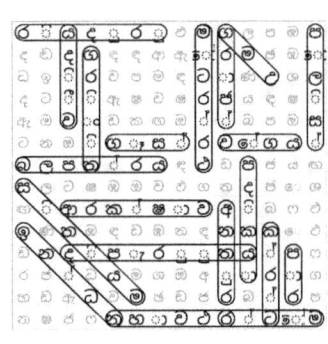

78 - Professions #2

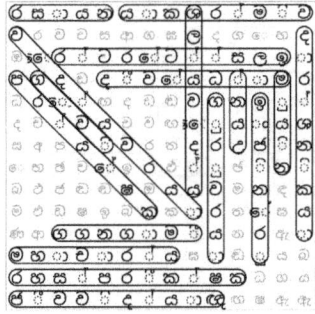

79 - Mythology

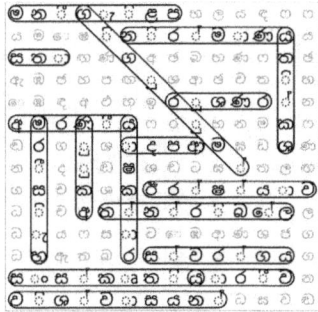

80 - Hair Types

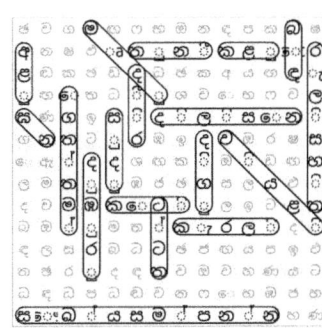

81 - Diplomacy

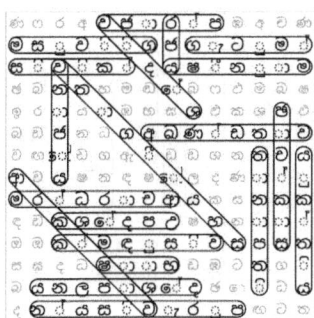

82 - Countries #1

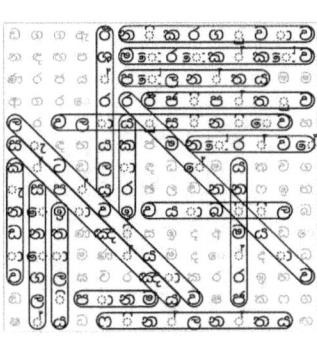

83 - Adjectives #1

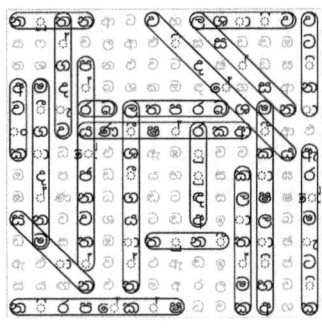

84 - Technology

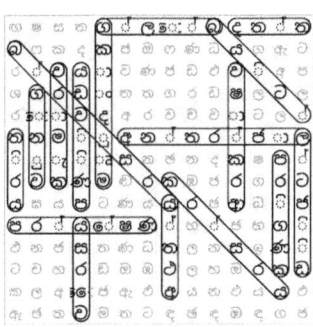

85 - Landscapes

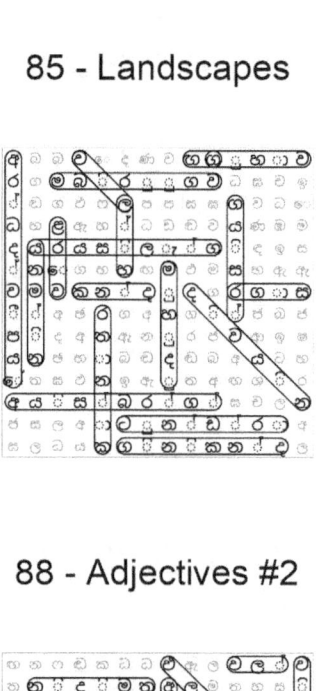

86 - Plants

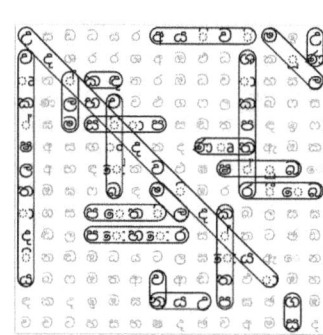

87 - Countries #2

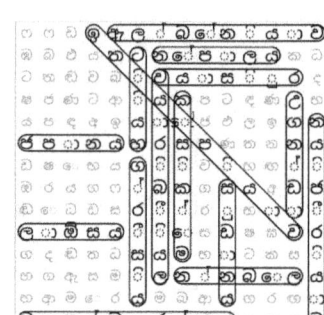

88 - Adjectives #2

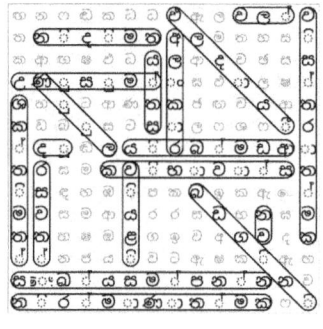

89 - Psychology

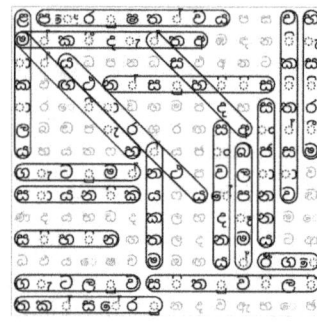

90 - Math

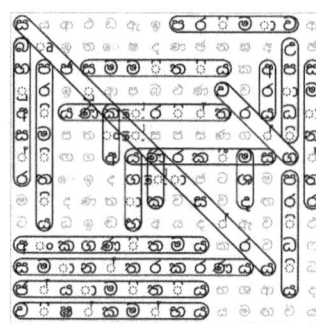

91 - Water

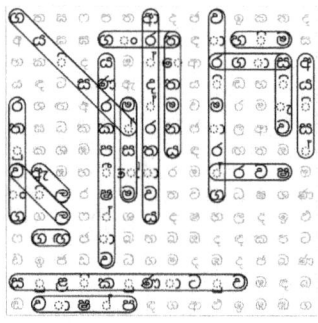

92 - Activities

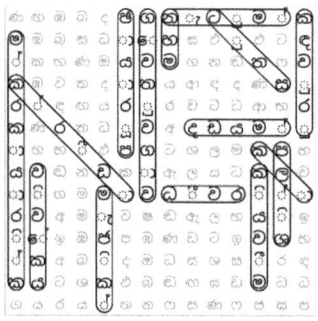

93 - Business

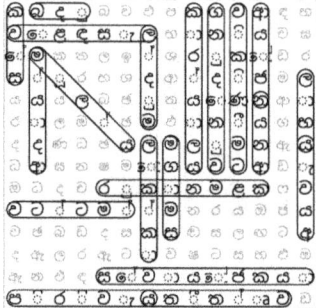

94 - The Company

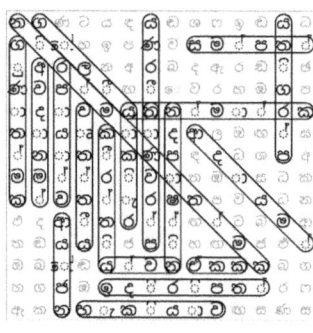

95 - Literature

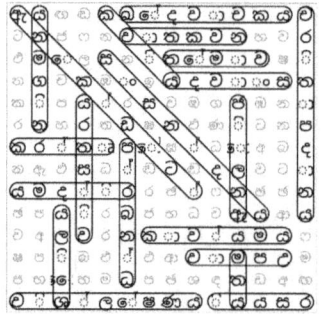

96 - Geography

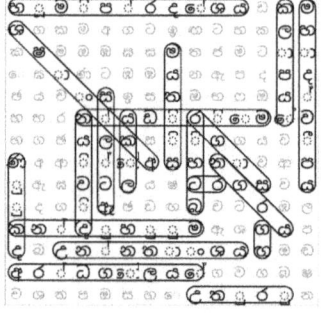

97 - Pets

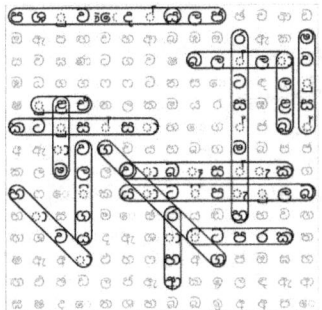

98 - Jazz

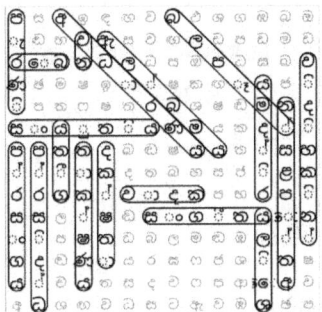

99 - Nature

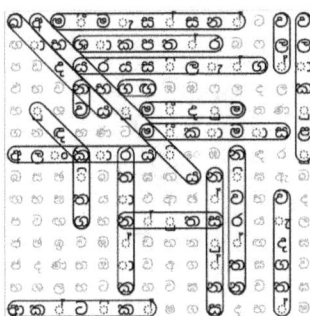

100 - Vacation #2

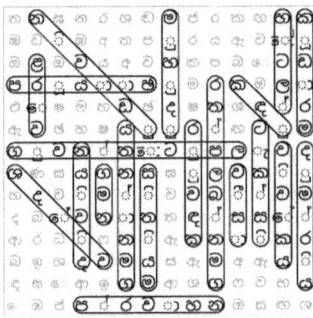

Dictionary

Activities
ක්රියාකාරකම්

Activity	ක්රියාකාරකම්
Art	කලා
Camping	කඳවුරු
Crafts	ශිල්ප
Dancing	නැටුම්
Fishing	ධීවර
Games	ක්රීඩා
Gardening	ගවෙතු වගාව
Hunting	දඩයම්
Leisure	විවේකය
Magic	මැජික්
Photography	ඡායාරූප
Pleasure	සතුට
Reading	කියවීම
Relaxation	ලිහිල් කිරීම
Sewing	මහන

Activities and Leisure
ක්රියාකාරකම් හා විවේකය

Art	කලා
Baseball	බේස්බෝල්
Basketball	පැසිපන්දු
Boxing	බොක්සිං
Camping	කඳවුරු
Diving	කිමිදුම්
Fishing	ධීවර
Gardening	ගවෙතු වගාව
Golf	ගොල්ෆ්
Hobbies	විනෝදාංශ
Relaxing	ඔරුවක
Soccer	පාපන්දු
Surfing	සර්ෆින්
Swimming	පිහිනුම්
Tennis	ටෙනිස්
Travel	සංචාරක
Volleyball	වොලිබෝල්

Adjectives #1
නාමයන් #1

Absolute	නිරපේක්ෂ
Ambitious	අභිලාෂකාමී
Aromatic	ඇරෝමැටික
Artistic	කලාත්මක
Attractive	ආකර්ෂණීය
Beautiful	ලස්සන
Dark	අඳුරු
Exotic	විදේශීය
Generous	ත්යාගශීලී
Heavy	බර
Helpful	ප්රයෝජනවත්
Honest	අවංක
Huge	විශාල
Identical	සමාන
Important	වැදගත්
Modern	නූතන
Serious	බරපතල
Slow	මන්දගාමී
Thin	තුනී
Valuable	වටිනා

Adjectives #2
නාමයන් #2

Authentic	සත්ය
Creative	නිර්මාණාත්මක
Descriptive	විස්තරාත්මක
Dry	වියළි
Elegant	අලංකාර
Famous	ප්රසිද්ධ
Gifted	දූ
Healthy	සෞඛ්ය සම්පන්න
Hot	උණුසුම්
Hungry	බඩගිනි
Interesting	රසවත්
Natural	ස්වාභාවික
New	නව
Productive	ඵලදායී
Proud	ආඩම්බරයි
Responsible	වගකිව යුතු
Salty	ලුණු
Sleepy	නිදිමත
Strong	ශක්තිමත්
Wild	වල්

Adventure
වීර චාරිකා

Activity	ක්රියාකාරකම්
Beauty	අලංකාරය
Challenges	අභියෝග
Chance	අවස්ථාවක්
Dangerous	භයානක
Destination	ගමනාන්තය
Excursion	වර්ල්ඩ්
Friends	මිතුරන්
Joy	ප්රීතිය
Nature	ස්වභාවය
Navigation	සංචලනය
New	නව
Opportunity	අවස්ථාව
Preparation	සකස් කිරීම
Safety	ආරක්ෂාව
Unusual	අසාමාන්ය

Airplanes
ගුවන් යානා

Adventure	ත්රාසජනක
Air	ගුවන්
Altitude	උන්නතාංශය
Atmosphere	වායුගෝලය
Balloon	බැලූනය
Construction	ඉදිකිරීම්
Crew	කාර්ය මණ්ඩලය
Design	නිර්මාණ
Direction	දිශාව
Engine	එන්ජිම
Fuel	ඉන්ධන
Height	උස
History	ඉතිහාසය
Hydrogen	හයිඩ්රජන්
Landing	ගොඩ
Passenger	මගී
Pilot	නියමු
Propellers	යන්තගත
Sky	අහස
Weather	කාලගුණය

Antarctica
ඇන්ටාක්ටිකාව

Bay	බොක්ක
Birds	පක්ෂීන්
Clouds	වලාකුළු
Conservation	සංරක්ෂණය
Continent	මහාද්වීපය
Cove	කෝව්
Environment	පරිසරය
Expedition	ගවේෂණ
Geography	භූගෝල විද්‍යාව
Glaciers	ග්ලැසියර
Ice	අයිස්
Islands	දූපත්
Migration	සංක්‍රමණය
Peninsula	අර්ධද්වීපයේ
Researcher	පර්යේෂක
Rocky	රොකී
Scientific	විද්‍යාත්මක
Temperature	උෂ්ණත්වය
Topography	භූ විෂමතාව
Water	ජලය

Antiques
පුරාවස්තු

Art	කලා
Auction	වෙන්දේසිය
Authentic	සත්‍ය
Century	සියවස
Coins	කාසි
Decades	දශක
Decorative	අලංකාර
Gallery	ගැලරිය
Investment	ආයෝජන
Item	අයිතමය
Jewelry	ස්වර්ණාභරණ
Old	පැරණි
Paintings	සිතුවම්
Price	මිල
Quality	ගුණාත්මක
Sculpture	මූර්ති
Style	ශෛලිය
Unusual	අසාමාන්‍ය
Value	අගය

Archeology
පුරාවිද්‍යාව

Analysis	විශ්ලේෂණය
Ancient	පුරාණ
Bones	ඇටකටු
Civilization	ශිෂ්ටාචාරය
Descendant	පැවත
Era	යුගය
Evaluation	ඇගයීම
Expert	විශේෂඥ
Forgotten	අමතක
Fossil	පොසිල
Fragments	කොටස්
Mystery	අභිරහස
Objects	වස්තූන්
Professor	මහාචාර්ය
Relic	ධාතුව
Researcher	පර්යේෂක
Team	කණ්ඩායම
Temple	පන්සල
Tomb	සොහොන
Unknown	නොදන්නා

Art Supplies
කලා සැපයුම්

Acrylic	ඇක්‍රිලික්
Brushes	බුරුසු
Camera	කැමරාව
Chair	පුටුව
Charcoal	අඟුරු
Clay	මැටි
Colors	වර්ණ
Crayons	ක්‍රයෙයොන්ස්
Easel	ඊසල්
Eraser	මකනයකට
Glue	මැලියම්
Ideas	අදහස්
Ink	තීන්ත
Oil	තලේ
Paper	කඩදාසි
Pastels	පැස්ටල්
Pencils	පැන්සල්
Table	වගුව
Water	ජලය

Astronomy
තාරකා විද්‍යාව

Asteroid	ග්‍රහකය
Astronaut	ගගනගාමී
Astronomer	තාරකා විද්‍යාඥ
Constellation	තාරකා මණ්ඩලය
Cosmos	කොස්මොස්
Earth	පොළොව
Eclipse	සූර්යග්‍රහණය
Equinox	විෂුවය
Galaxy	ගැලැක්සි
Meteor	උල්කාපාත
Moon	සඳ
Nebula	නිහාරිකාව
Observatory	නිරීක්ෂණාගාරය
Planet	ග්‍රහලෝකය
Radiation	විකිරණ
Rocket	රොකට්
Satellite	චන්ද්‍රිකා
Sky	අහස
Supernova	සුපර්නෝවා
Zodiac	රාශි

Barbecues
බාබකියු

Chicken	කුකුළු මස්
Children	දරුවන්
Dinner	රාත්‍රී ආහාරය
Family	පවුලේ
Food	ආහාර
Friends	මිතුරන්
Fruit	පල
Games	ක්‍රීඩා
Grill	ග්‍රිල්
Hot	උණුසුම්
Hunger	කුසගින්න
Knives	පිහි
Lunch	දිවා ආහාරය
Music	සංගීතය
Salads	සලාද
Salt	ලුණු
Sauce	සෝස්
Summer	ගිම්හානය
Tomatoes	තක්කාලි
Vegetables	එළවළු

Beauty
රූපලාවන්‍ය

Charm	කාන්තියක්
Color	වර්ණ
Cosmetics	විලවුන්
Curls	කැරලි
Elegance	අලංකාරය
Elegant	අලංකාර
Fragrance	සුවඳ
Grace	ග්‍රේස්
Lipstick	ලිප්ස්ටික්
Mascara	මස්කාරා
Mirror	මිරර්
Oils	තලේ
Photogenic	සුන්දරයි
Products	නිෂ්පාදන
Scissors	කතුරු
Services	සේවා
Shampoo	ෂැම්පු
Skin	සම
Stylist	මෝස්තර

Bees
මී මැස්සන්

Beneficial	ප්‍රයෝජනවත්
Blossom	මල
Diversity	විවිධත්වය
Ecosystem	පරිසර පද්ධතිය
Flowers	මල්
Food	ආහාර
Fruit	පල
Garden	උයන
Hive	මමෙ
Honey	මී පැණි
Insect	කෘමි
Plants	පැල
Pollen	පරාග
Queen	රැජින
Smoke	දුම්
Sun	හිරු
Swarm	රංචු
Wax	ඉටි
Wings	පියාපත්

Birds
පක්ෂීන්

Canary	කැනරි
Chicken	කුකුළු මස්
Cuckoo	කුකූ
Dove	පරෙවියා
Duck	තාරා
Eagle	රාජාලියා
Egg	බිත්තර
Flamingo	ෆ්ලැමින්ගෝ
Goose	ඇස්වල කඳුලු
Gull	ගොල්
Heron	හෙරොන්
Ostrich	පැස්බරා
Parrot	ගිරවා
Peacock	මොනරා
Pelican	පෙලිකන්
Penguin	පෙන්ගුයින්
Sparrow	කපුටෙක්
Stork	කුණාටුව
Swan	හංසයා
Toucan	ටූකන්

Boats
බෝට්ටු

Anchor	නැංගුරම්
Buoy	බූයි
Canoe	කැනෝ
Crew	කාර්ය මණ්ඩලය
Engine	එන්ජිම
Ferry	පාරු
Kayak	කයාක්
Lake	විල
Mast	කුඹ
Nautical	නාවික
Ocean	සාගර
Raft	මාලාවක්
River	ගඟ
Rope	කඹය
Sailboat	රුවල් බෝට්ටුව
Sailor	නාවිකයා
Sea	මුහුදු
Waves	තරංග
Yacht	වුයයේ

Books
පොත්

Adventure	ත්‍රාසජනක
Author	කර්තෘ
Collection	එකතුව
Context	සන්දර්භය
Duality	ද්විත්වය
Historical	ඓතිහාසික
Inventive	නව නිපැයුම්
Literary	සාහිත්‍යමය
Novel	නවකතාව
Page	පිටුව
Poem	කවිය
Poetry	කවි
Reader	පාඨකයා
Relevant	අදාළ
Series	මාලාවක්
Story	කතාව
Tragic	ඛේදජනක

Buildings
ගොඩනැගිලි

Apartment	මහල් නිවාස
Barn	බාන්
Castle	කාසල්
Cinema	සිනමා
Farm	ගොවිපල
Garage	ගරාජ්
Hospital	රෝහල
Hostel	නේවාසිකාගාරය
Hotel	හෝටල්
House	නිවස
Laboratory	රසායනාගාරය
Museum	කෞතුකාගාරය
Observatory	නිරීක්ෂණාගාරය
School	පාසල්
Stadium	ක්‍රීඩාංගනය
Tent	කූඩාරම
Theater	රංග
Tower	කුළුණ
Workshop	වැඩමුළුව

Business
ව්‍යාපාරික

Boss	ලොක්කා
Budget	අයවැය
Career	වෘත්තීය
Company	සමාගම
Cost	පිරිවැය
Currency	මුදල්
Discount	වට්ටම්
Employee	සේවක
Employer	සේවායෝජකයා
Finance	මූල්‍ය
Import	ආනයන
Income	ආදායම්
Investment	ආයෝජන
Manager	කළමනාකරු
Office	කාර්යාලය
Profit	ලාභය
Sale	විකිණීමට
Shop	වෙළෙඳසැල
Taxes	බදු
Transaction	ගනුදෙනුව

Camping
කඳවුරු

Adventure	ත්‍රාසජනක
Animals	සතුන්
Canoe	කැනෝ
Equipment	උපකරණ
Fire	ගිනි
Forest	වන
Fun	විනෝද
Hammock	හම්මොක්
Hat	තොප්පිය
Hunting	දඩයම්
Insect	කෘමි
Lake	විල
Map	සිතියම
Moon	සඳ
Mountain	කන්ද
Nature	ස්වභාවය
Rope	කඹය
Tent	කූඩාරම
Trees	ගස්

Chemistry
රසායන විද්‍යාව

Acid	අම්ලය
Alkaline	ක්ෂාරීය
Atomic	පරමාණුක
Carbon	කාබන්
Catalyst	උත්ප්‍රේරකයක්
Chlorine	ක්ලෝරීන්
Electron	ඉලෙක්ට්‍රෝන
Enzyme	එන්සයිම
Gas	ගෑස්
Heat	තාපය
Hydrogen	හයිඩ්‍රජන්
Ion	අයන
Liquid	දියර
Molecule	අණුව
Nuclear	න්‍යෂ්ටික
Organic	කාබනික
Oxygen	ඔක්සිජන්
Salt	ලුණු
Temperature	උෂ්ණත්වය
Weight	බර

Chess
චෙස්

Black	කළු
Challenges	අභියෝග
Champion	ශූරයා
Clever	දක්ෂ
Diagonal	විකර්ණ
Game	ක්‍රීඩාව
King	රජ
Opponent	ප්‍රතිවාදියා
Passive	උදාසීන
Player	ක්‍රීඩකයා
Points	ලකුණු
Queen	රැජින
Rules	නීති
Sacrifice	පූජාව
Strategy	උපාය
Time	කාලය
Tournament	තරගාවලිය
White	සුදු

Chocolate
චොකලට්

Aroma	සුවඳ
Bitter	කටුක
Cacao	කොකෝවා
Calories	කැලරි
Candy	කැන්ඩි
Caramel	කැරමල්
Coconut	පොල්
Delicious	රසවත්
Exotic	විදේශීය
Favorite	ප්‍රියතම
Flavor	රසය
Ingredient	අමුද්‍රව්‍යය
Peanuts	රටකජු
Powder	කුඩු
Quality	ගුණාත්මක
Recipe	වට්ටෝරුව
Sugar	සීනි
Sweet	මිහිරි
Taste	රස

Circus
සර්කස්

Acrobat	ඇක්‍රොබැට්
Animals	සතුන්
Balloons	බැලූන්
Candy	කැන්ඩි
Costume	ඇඳුම්
Elephant	අලි
Juggler	ජග්ලර්
Lion	සිංහයා
Magic	මැජික්
Monkey	වඳුරා
Music	සංගීතය
Parade	පෙළපාලිය
Show	පෙන්වන්න
Spectacular	දර්ශනීය
Tent	කූඩාරම
Ticket	ටිකට්
Tiger	කොටි
Trick	උපක්‍රමය

Clothes
ඇඳුම්

Apron	අංගනය
Belt	තීරය
Blouse	බ්ලවුස්
Coat	කබාය
Dress	ඇඳුම
Fashion	විලාසිතා
Gloves	අත්වැසුම්
Hat	තොප්පිය
Jacket	ජැකට්
Jeans	ඩෙනිම්
Jewelry	ස්වර්ණාභරණ
Necklace	මාලයක්
Pajamas	පිජාමා
Pants	කලිසම්
Sandals	පාවහන්
Scarf	ස්භාවය
Shirt	ෂර්ට්
Shoe	සපත්තු
Skirt	සායක්
Sweater	ස්වීටර්

Coffee
කෝපි

Aroma	සුවඳ
Bitter	කටුක
Black	කළු
Caffeine	කැෆේන්
Cream	ක්‍රීම්
Cup	කුසලාන
Filter	පෙරහන
Flavor	රසය
Grind	ඇඹරීමට
Liquid	දියර
Milk	කිරි
Morning	උදෑසන
Origin	සම්භවය
Price	මිල
Roasted	බැදපු
Sugar	සීනි
Water	ජලය

Colors
වර්ණ

Azure	ඇෂුවර්
Beige	ලා දුඹුරු
Black	කළු
Blue	නිල්
Brown	දුඹුරු
Cyan	සයන්
Fuchsia	ෆුචියා
Green	කොළ
Grey	අළු
Indigo	ඉන්ඩිගෝ
Magenta	මැජන්ටා
Orange	තැඹිලි
Pink	රෝස
Purple	දම් පාට
Red	රතු
Sepia	සේපියා
Violet	වයලට්
White	සුදු
Yellow	කහ

Countries #1
රටවල් #1

Brazil	බ්‍රසීලය
Canada	කැනඩාව
Egypt	ඊජිප්තුව
Finland	ෆින්ලන්තය
Germany	ජර්මනිය
Iraq	ඉරාකය
Israel	ඊශ්‍රායලය
Italy	ඉතාලිය
Latvia	ලැට්වියාව
Libya	ලිබියාව
Morocco	මොරොක්කෝව
Nicaragua	නිකරගුවාව
Norway	නෝර්වේ
Panama	පානම
Poland	පෝලන්තය
Romania	රුමේනියාව
Senegal	සෙනෙගල්
Spain	ස්පාඤ්ඤය
Venezuela	වෙනිසියුලාව
Vietnam	වියට්නාමය

Countries #2
රටවල් #2

Albania	ඇල්බේනියාව
Denmark	ඩෙන්මාර්කය
Ethiopia	ඉතියෝපියාව
Greece	ග්‍රීසිය
Haiti	හයිටි
Jamaica	ජැමයිකා
Japan	ජපානය
Laos	ලාඕසය
Lebanon	ලෙබනන්
Liberia	ලයිබීරියාව
Mexico	මෙක්සිකෝ
Nepal	නේපාලය
Nigeria	නයිජීරියාව
Pakistan	පකිස්ථානය
Russia	රුසියාව
Somalia	සෝමාලියාව
Sudan	සුඩානය
Syria	සිරියාව
Uganda	උගන්ඩා
Ukraine	යුක්‍රේනය

Creativity
නිර්මාණශීලීත්වය

Artistic	කලාත්මක
Authenticity	අව්‍යාජත්වය
Clarity	පැහැදිලිකම
Dramatic	නාට්‍යමය
Emotions	හැඟීම්
Expression	ප්‍රකාශනය
Fluidity	ද්‍රවශීලතා
Ideas	අදහස්
Image	රූපය
Imagination	පරිකල්පනය
Inspiration	ආශ්වාදයක්
Intensity	තීව්‍රතාව
Intuition	ප්‍රතිභාව
Inventive	නව නිපැයුම්
Sensation	සංවේදනය
Spontaneous	ස්වයංසිද්ධ
Visions	දර්ශන
Vitality	ජවය

Days and Months
දින සහ මාස

April	අප්රේල්
August	අගෝස්තු
Calendar	දින දසුන
February	පෙබරවාරි
Friday	සිකුරාදා
January	ජනවාරි
July	ජූලි
March	මාර්තු
Monday	සඳුදා
Month	මාසය
November	නොවැම්බර්
October	ඔක්තෝබර්
Saturday	සෙනසුරාදා
September	සැප්තැම්බර්
Sunday	ඉරිදා
Thursday	බ්රහස්පතින්දා
Tuesday	අඟහරුවාදා
Wednesday	බදාදා
Week	සතියේ
Year	වර්ෂය

Diplomacy
රාජ්ය තාන්ත්රික

Adviser	උපදේශක
Ambassador	තානාපති
Citizens	පුරවැසියන්
Civic	සිවික්
Community	ප්රජාව
Conflict	ගැටුම්
Cooperation	සහයෝගීතාව
Discussion	සාකච්ඡා
Ethics	ආචාර ධර්ම
Foreign	විදේශ
Government	රජය
Humanitarian	මානුෂීය
Integrity	අඛණ්ඩතාව
Justice	යුක්තිය
Languages	භාෂා
Politics	දේශපාලනය
Resolution	යෝජනාව
Security	ආරක්ෂාව
Solution	විසඳුමක්
Treaty	ගිවිසුම

Driving
රියදුරු

Accident	අනතුර
Brakes	තිරිංග
Car	මෝටර් රථ
Driver	රියදුරු
Fuel	ඉන්ධන
Garage	ගරාජ්
Gas	ගෑස්
License	බලපත්රය
Map	සිතියම
Motor	මෝටර්
Motorcycle	යතුරු පැදි
Pedestrian	පදිකයා
Police	පොලිස්
Road	පාර
Safety	ආරක්ෂාව
Speed	වේගය
Street	වීදිය
Traffic	රථවාහන
Truck	ට්රක්
Tunnel	උමග

Energy
බලශක්ති

Battery	බැටරි
Carbon	කාබන්
Diesel	ඩීසල්
Electric	විදුලි
Electron	ඉලෙක්ට්රෝන
Engine	එන්ජිම
Entropy	එන්ට්රොපිය
Environment	පරිසරය
Fuel	ඉන්ධන
Gasoline	ගැසොලින්
Heat	තාපය
Hydrogen	හයිඩ්රජන්
Industry	කර්මාන්තය
Motor	මෝටර්
Nuclear	න්යෂ්ටික
Photon	ෆෝටෝන
Pollution	දූෂණය
Renewable	පුනර්ජනනීය
Turbine	ටර්බයින
Wind	සුළං

Engineering
ඉංජිනේරු

Angle	කෝණය
Axis	අක්ෂය
Calculation	ගණනය කිරීම
Construction	ඉදිකිරීම්
Depth	ගැඹුර
Diagram	රූප සටහන
Diameter	විෂ්කම්භය
Diesel	ඩීසල්
Energy	බලශක්ති
Engine	එන්ජිම
Gears	ගියර්
Levers	ලීවර
Liquid	දියර
Machine	යන්ත්රය
Measurement	මිනුම්
Motor	මෝටර්
Propulsion	ප්රචාලන
Stability	ස්ථාවරත්වය
Strength	ශක්තිය
Structure	ව්යුහය

Ethics
ආචාර ධර්ම

Altruism	පරාර්ථකාමය
Compassion	අනුකම්පාව
Cooperation	සහයෝගීතාව
Dignity	ගරුත්වය
Honesty	අවංකකම
Humanity	මනුෂ්යත්වය
Individualism	පුද්ගලවාදය
Integrity	අඛණ්ඩතාව
Kindness	කරුණාව
Optimism	ශුභවාදය
Patience	ඉවසීම
Philosophy	දර්ශනය
Rationality	තාර්කිකත්වය
Realism	යථාර්ථවාදය
Reasonable	සාධාරණ
Respectful	ගෞරවනීය
Wisdom	ප්රඥාව

Family
පවුලේ

Ancestor	පිය
Aunt	නැන්දා
Brother	සහෝදරයා
Child	දරුවා
Childhood	ළමා කාලය
Children	දරුවන්
Cousin	ඥාති සහෝදරයා
Daughter	දියණිය
Father	පියා
Grandfather	සීයා
Grandson	මුනුපුරා
Husband	ස්වාමීපුරුෂයා
Maternal	මාතෘ
Mother	මව
Nephew	බෑණා
Niece	ලේලිය
Paternal	පීතෘමූලික
Sister	සහෝදරිය
Uncle	මාමා
Wife	බිරිඳ

Farm #1
ගොවිපල #1

Agriculture	කෘෂිකර්ම
Bee	මී.
Bison	බයිසන්
Calf	පැටවා
Cat	බළලා
Chicken	කුකුළු මස්
Cow	ගව
Dog	බල්ලා
Donkey	බූරුවා
Fence	වැට
Fertilizer	පොහොර
Field	ක්ෂේත්‍ර
Flock	රැළ
Goat	එළු
Hay	හේ
Honey	මී පැණි
Horse	අශ්වයා
Rice	සහල්
Seeds	බීජ
Water	ජලය

Farm #2
ගොවිපල #2

Animals	සතුන්
Barley	බාර්ලි
Barn	බාන්
Corn	බඩ ඉරිඟු
Duck	තාරා
Farmer	ගොවි
Food	ආහාර
Fruit	පල
Irrigation	වාරිමාර්ග
Lamb	බැටළු පැටවා
Llama	ලාමා
Meadow	පීවන්
Milk	කිරි
Orchard	උඩවැඩියා
Ripe	ඉදුණු
Sheep	බැටළුවන්
Shepherd	එඬේරා
Tractor	ට්‍රැක්ටර්
Vegetable	එළවළු
Wheat	තිරිඟු

Fashion
විලාසිතා

Boutique	කඩයක්
Buttons	බොත්තම්
Elegant	අලංකාර
Embroidery	එම්බ්‍රොයිඩර්
Expensive	මිල අධික
Fabric	රෙදි
Lace	ලේස්
Measurements	මිනුම්
Minimalist	අවම
Modern	නූතන
Modest	නිහතමානී
Original	මුල්
Pattern	රටාව
Practical	ප්‍රායෝගික
Simple	සරල
Sophisticated	නවීන
Style	ශෛලිය
Texture	වයනය
Trend	ප්‍රවණතාවය

Flowers
මල්

Bouquet	මල් කළඹක්
Clover	ක්ලෝවර්
Daisy	ඩේසි
Gardenia	උද්‍යානය
Hibiscus	හිබිස්කස්
Jasmine	පිච්ච මල්
Lavender	ලැවෙන්ඩර්
Lilac	ලිලැක්
Lily	මානලේ
Magnolia	මැග්නෝලියා
Orchid	ඕකිඩ්
Peony	පීනි
Petal	පෙති
Plumeria	ප්ලමරියා
Poppy	පොපි
Rose	රෝස
Sunflower	සන්ෆ්ලවර්
Tulip	ටියුලිප්

Food #1
ආහාර #1

Apricot	ඇප්‍රිකොට්
Barley	බාර්ලි
Basil	බැසිල්
Carrot	කැරට්
Cinnamon	කුරුඳු
Garlic	සුදුළූණු
Juice	යුෂ
Lemon	ලමෙන්
Milk	කිරි
Onion	ලූනු
Peanut	රටකජු
Pear	පයො
Salad	සලාද
Salt	ලුණු
Soup	සුප්
Spinach	නිවිති
Strawberry	ස්ට්‍රෝබෙරි
Sugar	සීනි
Tuna	ටූනා
Turnip	ටර්නිප්

Food #2
ආහාර #2

Apple	ඇපල්
Artichoke	කලාකෘති
Banana	කෙසෙල්
Bread	පාන්
Celery	සැල්දිරි
Cheese	චීස්
Cherry	චෙරි
Chicken	කුකුළු මස්
Chocolate	චොකලට්
Egg	බිත්තර
Eggplant	වම්බටු
Fish	මාළු
Grape	මිදි
Ham	හැම්
Kiwi	කිවි
Mushroom	හතු
Rice	සහල්
Tomato	තක්කාලි
Wheat	තිරිඟු
Yogurt	යෝගට්

Force and Gravity
බලය සහ ගුරුත්වාකර්ෂණය

Axis	අක්ෂය
Center	මධ්‍යස්ථානය
Discovery	සොයාගැනීම
Distance	දුර
Dynamic	ගතික
Impact	බලපෑම
Magnetism	චුම්භකත්වය
Magnitude	විශාලත්වය
Momentum	ගම්‍යතාව
Orbit	කක්ෂය
Physics	භෞතික විද්‍යාව
Planets	ග්‍රහලෝක
Pressure	පීඩනය
Speed	වේගය
Time	කාලය
Universal	විශ්ව
Weight	බර

Fruit
පළතුරු

Apple	ඇපල්
Apricot	ඇප්‍රිකොට්
Avocado	අලිගැට පේර
Banana	කෙසෙල්
Berry	බෙරී
Cherry	චෙරි
Coconut	පොල්
Fig	පය
Grape	මිදි
Guava	පේර
Kiwi	කිවි
Lemon	ලෙමන්
Mango	අඹ
Melon	කොමඩු
Nectarine	නෙක්ටරීන්
Papaya	පැපොල්
Peach	පීච්
Pear	පෙයා
Pineapple	අන්නාසි
Raspberry	රාස්ප්බෙරි

Gardening
ගෙවතු වගාව

Blossom	මල
Botanical	උද්භිද
Bouquet	මල් කළඹක්
Climate	දේශගුණය
Compost	කොම්පෝස්ට්
Container	රුවනයකි
Dirt	කුණු
Exotic	විදේශීය
Floral	මල්
Foliage	ශාක පත්‍ර
Hose	හෝස්
Leaf	කොළ
Moisture	තෙතමනය
Orchard	උඩවැඩියා
Seasonal	සෘතුමය
Seeds	බීජ
Water	ජලය

Geography
භූගෝල විද්‍යාව

Altitude	උන්නතාංශය
Atlas	ඇට්ලස්
City	නගරය
Continent	මහාද්වීපය
Country	රට
Hemisphere	අර්ධගෝලයේ
Island	දිවයින
Latitude	අක්ෂාංශ
Map	සිතියම
Meridian	මෙරිඩියන්
Mountain	කන්ද
North	උතුරු
Ocean	සාගර
Region	කලාපයේ
River	ගඟ
Sea	මුහුදු
South	දකුණු
Territory	භූමි ප්‍රදේශය
West	බටහිර
World	ලෝකය

Geology
භූ විද්‍යාව

Acid	අම්ලය
Calcium	කැල්සියම්
Cavern	ගුහාවත්
Continent	මහාද්වීපය
Coral	කොරල්
Crystals	ස්ඵටික
Earthquake	භූමිකම්පාව
Erosion	ඛාදනය
Fossil	පොසිල
Geyser	ගයිසර්
Lava	ලාවා
Layer	ස්ථරය
Minerals	ඛනිජ
Molten	උණු
Plateau	සානුව
Quartz	තිරුවානා
Salt	ලුණු
Stalactite	ස්ටැක්ටිට්
Stone	ගල්
Volcano	ගිනිකන්ද

Geometry
ජ්‍යාමිතිය

Angle	කෝණය
Calculation	ගණනය කිරීම
Circle	රවුම
Curve	වක්‍රය
Diameter	විෂ්කම්භය
Dimension	මානයක්
Equation	සමීකරණය
Height	උස
Horizontal	තිරස්
Logic	තර්ක
Mass	මහා
Median	මධ්‍යන්‍ය
Parallel	සමාන්තර
Proportion	අනුපාතය
Segment	කොටස
Surface	මතුපිට
Symmetry	සමමිතිය
Theory	න්‍යාය
Triangle	ත්‍රිකෝණය
Vertical	සිරස්

Government
රජය

Citizenship	පුරවැසිභාවය
Civil	සිවිල්
Discussion	සාකච්ඡා
Dissent	විසම්මුතිය
Equality	සමානාත්මතාවය
Judicial	අධිකරණ
Justice	යුක්තිය
Law	නීතිය
Leader	නායක
Liberty	නිදහස
Monument	ස්මාරකය
Nation	ජාතිය
National	ජාතික
Peaceful	සාමකාමී
Politics	දේශපාලනය
Power	බලය
Rights	අයිතිවාසිකම්
Speech	කථනය
Symbol	සංකේතය

Hair Types
හිසකෙස් වර්ග

Bald	තට්ට
Black	කළු
Blond	බොඳ
Braided	ගෙත්තම්
Brown	දුඹුරු
Curly	කැරලි
Dry	වියළි
Gray	අළු
Healthy	සෞඛ්‍ය සම්පන්න
Long	දිගු
Shiny	දිලිසෙන
Short	කෙටි
Silver	රිදී
Soft	මෘදු
Thick	ඝන
Thin	තුනී
Wavy	රැලි සහිත
White	සුදු

Health and Wellness #1
සෞඛ්‍ය හා සුවතා #1

Active	ක්‍රියාකාරී
Bacteria	බැක්ටීරියා
Bones	ඇටකටු
Clinic	සායනය
Habit	පුරුද්ද
Height	උස
Hormones	හෝමෝන
Hunger	කුසගින්න
Injury	තුවාලය
Medical	වෛද්‍ය
Muscles	මාංශ පේශී
Nerves	ස්නායු
Pharmacy	ඖෂධ
Reflex	ප්‍රතීකයක්
Relaxation	ලිහිල් කිරීම
Skin	සම
Supplements	අතිරේක
Therapy	චිකිත්සාව
Treatment	ප්‍රතිකාර
Virus	වෛරසය

Health and Wellness #2
සෞඛ්‍ය හා සුවතා #2

Allergy	අසාත්මිකතා
Appetite	ආහාර රුචිය
Blood	ලේ
Calorie	කැලරි
Dehydration	විජලනය
Diet	ආහාර
Disease	රෝගය
Energy	බලශක්ති
Genetics	ජාන විද්‍යාව
Healthy	සෞඛ්‍ය සම්පන්න
Hospital	රෝහල
Hygiene	සනීපාරක්ෂාව
Infection	ආසාදන
Massage	සම්බාහන
Mood	මනෝභාවය
Nutrition	පෝෂණය
Recovery	ප්‍රතිසාධනය
Stress	මානසික ආතතිය
Vitamin	විටමින්
Weight	බර

Herbalism
ශාකවාදය

Aromatic	ඇරෝමැටික
Basil	බැසිල්
Beneficial	ප්‍රයෝජනවත්
Culinary	ආහාර පිසීමේ
Fennel	මහදුරු
Flavor	රසය
Flower	මල්
Garden	උයන
Garlic	සුදුළූණු
Green	කොළ
Ingredient	අමුද්‍රව්‍යය
Lavender	ලැවෙන්ඩර්
Marjoram	මාජෝරාම්
Mint	මින්ට්
Plant	පැල
Quality	ගුණාත්මක
Rosemary	රෝස්මරී
Saffron	කුංකුම
Tarragon	ටැරගන්
Thyme	වර්ණනය

Hiking
කඳු නගින

Animals	සතුන්
Boots	බූට්
Camping	කඳවුරු
Cliff	කඳු
Climate	දේශගුණය
Guides	මාර්ගෝපදේශ
Heavy	බර
Map	සිතියම
Mountain	කන්ද
Nature	ස්වභාවය
Orientation	දිශානතිය
Parks	උද්යාන
Preparation	සකස් කිරීම
Stones	ගල්
Summit	සමුළුව
Sun	හිරු
Tired	වෙහෙසෙට
Water	ජලය
Weather	කාලගුණය
Wild	වල්

House
නිවස

Attic	අටුව
Broom	කොස්ස
Ceiling	සිවිලිම
Curtains	තිර
Door	දොර
Fence	වැට
Fireplace	උඳුන්
Floor	බිම
Garage	ගරාජ්
Garden	උයන
Keys	යතුරු
Kitchen	කුස්සිය
Lamp	පහන
Library	පුස්තකාලය
Mirror	මිරර්
Roof	වහලය
Room	කාමරය
Shower	ෂවර්
Wall	වෝල්
Window	කවුළුව

Human Body
මිනිස් සිරුර

Ankle	වළලුකර
Blood	ලේ
Bones	ඇටකටු
Brain	මොළය
Chin	චින්
Ear	කන
Elbow	වැලමිට
Face	මුහුණ
Finger	ඇඟිල්ල
Hand	අත
Head	හිස
Heart	හදවත
Jaw	හකු
Knee	දණහිස
Leg	කකුල
Mouth	මුඛය
Neck	ගෙල
Nose	නාසය
Shoulder	උරහිස්
Skin	සම

Insects
කෘමීන්

Ant	ආනා
Aphid	කුඩිං
Bee	මී.
Beetle	කුරුමිණියා
Butterfly	සමනල
Cicada	සයානේි
Cockroach	ඞේච්ඞ්
Dragonfly	බත්කූරාගේ
Flea	පදික
Grasshopper	අපලදායකයි
Hornet	හෝනටේ
Ladybug	ලේඩිබග්
Larva	කීටයන්
Locust	පළඟැටියන්
Mantis	මැන්ටිස්
Mosquito	මදුරු
Moth	සලබයා
Termite	වේයන්
Wasp	බඹර
Worm	පණුවා

Jazz
ජෑස්

Album	ඇල්බමය
Applause	අත්පොළසන්
Composer	නිර්මාපකයකු
Composition	සංයුතිය
Concert	ප්රසංගය
Drums	බරෙ
Emphasis	අවධාරණය
Famous	ප්රසිද්ධ
Improvisation	විදිහකින්
Influences	බලපෑම්
Music	සංගීතය
New	නව
Old	පැරණි
Orchestra	වාදක
Rhythm	රිද්මය
Song	ගීතය
Style	ශෛලිය
Talent	දක්ෂතා
Technique	තාක්ෂණය

Kitchen
කුස්සියට උපකරණ

Apron	අංගනය
Bowl	පාත්රය
Chopsticks	චොප්ස්ටික්ස්
Cups	කෝප්ප
Food	ආහාර
Grill	ග්රිල්
Jug	කළයක්
Kettle	කේතලය
Knives	පිහි
Ladle	ඉණිමං
Napkin	තුවා
Oven	අවන්
Recipe	වට්ටෝරුව
Refrigerator	ශීතකරණය
Spices	කුළුබඩු
Sponge	ස්පොන්ජ්
Spoons	හැඳි

Landscapes
භූ දර්ශන

Beach	වෙරළ
Cave	ගුහාව
Desert	කාන්තාර
Geyser	ගයිසර්
Glacier	ග්ලැසියරය
Hill	හිල්
Iceberg	අයිස්බර්ග්
Island	දිවයින
Lake	විල
Mountain	කන්ද
Oasis	ක්ෂේම භූමිය
Ocean	සාගර
Peninsula	අර්ධද්වීපයේ
River	ගඟ
Sea	මුහුදු
Swamp	වගුරු බිම
Tundra	ටුන්ඩ්රා
Valley	නිම්නය
Volcano	ගිනිකන්ද
Waterfall	දිය ඇල්ල

Literature
සාහිත්යය

Analogy	ඇනලොජි
Analysis	විශ්ලේෂණය
Anecdote	ඇනකේඩෝට්
Author	කර්තෘ
Biography	චරිතාපදානය
Comparison	සංසන්දනය
Conclusion	නිගමනය
Description	විස්තරය
Dialogue	සංවාදය
Fiction	ප්රබන්ධ
Metaphor	උපමාව
Novel	නවකතාව
Opinion	මතය
Poem	කවිය
Poetic	කාව්යමය
Rhyme	රසයයි
Rhythm	රිද්මය
Style	ශෛලිය
Theme	තේමාව
Tragedy	ඛේදවාචකය

Mammals
ක්ෂීරපායින්

Bear	දරා
Beaver	බීවර්
Bull	ගොනා
Cat	බළලා
Coyote	කොයෝට්
Dog	බල්ලා
Dolphin	ඩොල්ෆින්
Elephant	අලි
Fox	ෆොක්ස්
Giraffe	ජිරාෆ්
Gorilla	ගෝරිල්ලා
Horse	අශ්වයා
Kangaroo	කැන්ගරු
Lion	සිංහයා
Monkey	වඳුරා
Rabbit	හාවා
Sheep	බැටළුවන්
Whale	තල්මසුන්
Wolf	වෘකයා
Zebra	සීබ්රා

Math
ගණිතය

Angles	කෝණ
Arithmetic	අංක ගණිතමය
Circumference	පරිධිය
Decimal	දශම
Degrees	උපාධි
Diameter	විෂ්කම්භය
Equation	සමීකරණය
Fraction	භාගය
Geometry	ජ්යාමිතිය
Numbers	අංක
Parallel	සමාන්තර
Parallelogram	සමාන්තරකරණය
Perimeter	පරිමිතිය
Polygon	බහුඅස්ර
Radius	අරය
Rectangle	සෘජුකෝණාස්රය
Square	වර්ග
Symmetry	සමමිතිය
Triangle	ත්රිකෝණය
Volume	පරිමාව

Measurements
මිනුම්

Byte	බයිට
Centimeter	සෙන්ටි
Decimal	දශම
Degree	උපාධිය
Depth	ගැඹුර
Gram	ඇට
Height	උස
Inch	අඟල්
Kilogram	කිලෝ ග්රෑම්
Kilometer	කිලෝමීටර
Length	දිග
Liter	ලීටර්
Mass	මහා
Meter	මීටර්
Minute	විනාඩි
Ounce	අවුන්සයක්
Ton	ටොන්
Volume	පරිමාව
Weight	බර
Width	පළල

Meditation
භාවනාව

Acceptance	පිළිගැනීම
Attention	අවධානය
Awake	අවදි
Calm	සන්සුන්
Clarity	පැහැදිලිකම
Compassion	අනුකම්පාව
Emotions	හැඟීම්
Gratitude	කෘතඥතාව
Habits	පුරුදු
Happiness	සතුට
Kindness	කරුණාව
Mental	මානසික
Mind	මනස
Movement	ව්යාපාරය
Music	සංගීතය
Nature	ස්වභාවය
Peace	සාමය
Perspective	ඉදිරිදර්ශනය
Silence	නිහඬ
Thoughts	සිතුවිලි

Music
සංගීතය

Album	ඇල්බමය
Ballad	බැලඩ්
Classical	සම්භාව්‍ය
Harmonic	හාර්මොනික්
Harmony	සමගිය
Instrument	මවෙලමක්
Lyrical	ගීතමය
Melody	තනු නිර්මාණය
Microphone	මයික්‍රෆෝනය
Musical	සංගීත
Musician	සංගීතඥ
Opera	ඔපරො
Poetic	කාව්‍යමය
Recording	පටිගත කිරීම
Rhythm	රිද්මය
Rhythmic	රිද්මයානුකූල
Sing	ගායනා
Singer	ගායකයා
Vocal	වාචික

Musical Instruments
සංගීත භාණ්ඩ

Banjo	බැන්ජෝ
Bassoon	බැසූන්
Cello	සලෙෝ
Clarinet	ක්ලැරිනටේ
Drum	ඩ්‍රම්
Flute	නළාව
Gong	ගොං
Guitar	ගිටාරය
Harp	වීණාව
Mandolin	ඇසුවේ
Marimba	මාරිම්බා
Oboe	ඕබෝයි
Percussion	පකෂන්
Piano	පියානෝව
Saxophone	සැක්සෝෆෝන්
Tambourine	රබන්
Trombone	හොරණෝන්
Trumpet	හොරණෑව
Violin	වයලීනය

Mythology
මිත්‍යා

Behavior	හැසිරීම
Beliefs	විශ්වාසයන්
Creation	නිර්මාණය
Creature	සතා
Culture	සංස්කෘතිය
Disaster	ආපදා
Heaven	ස්වර්ගය
Hero	වීරයා
Immortality	අමරණීය
Jealousy	ඊර්ෂ්‍යාව
Labyrinth	ලේබරින්ත්
Lightning	අකුණු
Monster	රාක්ෂයා
Revenge	පළිගැනීම
Strength	ශක්තිය
Thunder	ගිගුරුම්
Warrior	රණශූර

Nature
ස්වභාවය

Animals	සතුන්
Arctic	ආක්ටික්
Beauty	අලංකාරය
Bees	මී මැස්සන්
Clouds	වලාකුළු
Desert	කාන්තාර
Dynamic	ගතික
Erosion	ඛාදනය
Fog	මීදුම
Foliage	ශාක පත්‍ර
Forest	වන
Glacier	ග්ලැසියරය
Mountains	කඳු
Peaceful	සාමකාමී
River	ගඟ
Sanctuary	අභයභූමිය
Serene	සන්සුන්
Tropical	නිවර්තන
Vital	වැදගත්
Wild	වල්

Numbers
අංක

Decimal	දශම
Eight	අට
Eighteen	දහඅට
Fifteen	පහළොව
Five	පහ
Four	හතර
Fourteen	දහහතර
Nine	නවය
Nineteen	දහනවය
One	එක
Seven	හත
Seventeen	දහහත්වන
Six	හය
Sixteen	දහසය
Ten	දස
Thirteen	දහතුන
Three	තුනක්
Twelve	දොළහ
Twenty	විසි
Two	දෙකක්

Nutrition
පෝෂණය

Appetite	ආහාර රුචිය
Balanced	සමබර
Bitter	කටුක
Calories	කැලරි
Carbohydrates	කාබෝහයිඩ්‍රේට
Diet	ආහාර
Digestion	ජීර්ණය
Fermentation	පැසවීම
Flavor	රසය
Habits	පුරුදු
Health	සෞඛ්‍යය
Healthy	සෞඛ්‍ය සම්පන්න
Liquids	ද්‍රව
Nutrient	පෝෂක
Proteins	ප්‍රෝටීන
Quality	ගුණාත්මක
Sauce	සෝස්
Toxin	විෂ
Vitamin	විටමින්
Weight	බර

Ocean
සාගර

Algae	ඇල්ගී
Coral	කොරල්
Crab	කකුළුවන්
Dolphin	ඩොල්ෆින්
Eel	ආඳා
Fish	මාළු
Jellyfish	ජෙලිෆිෂ්
Octopus	බූවල්ලා
Oyster	බලේලා
Reef	පර
Salt	ලුණු
Seaweed	මුහුදු පැලෑටි
Shark	මෝරා
Shrimp	ඉස්සන්
Sponge	ස්පොන්ජ්
Storm	කුණාටුව
Tides	වඩදිය බාදිය
Tuna	ටූනා
Turtle	කැස්බෑවා
Whale	තල්මසුන්

Pets
සුරතල් සතුන්

Cat	බළලා
Collar	කරපටි
Cow	ගව
Dog	බල්ලා
Fish	මාළු
Food	ආහාර
Goat	එළු
Hamster	හැම්ස්ටර්
Lizard	කටුස්සා
Mouse	මවුස්
Parrot	ගිරවා
Puppy	බලු පැටියා
Rabbit	හාවා
Tail	වලිගය
Turtle	කැස්බෑවා
Veterinarian	පශු වෛද්‍ය
Water	ජලය

Philanthropy
දානපති

Challenges	අභියෝග
Children	දරුවන්
Community	ප්‍රජාව
Contacts	සම්බන්ධතා
Finance	මූල්‍ය
Funds	අරමුදල්
Generosity	ත්‍යාගශීලීත්වය
Global	ගෝලීය
Goals	ඉලක්ක
Groups	කණ්ඩායම්
History	ඉතිහාසය
Honesty	අවංකකම
Humanity	මනුෂ්‍යත්වය
Mission	මෙහෙවර
Need	අවශ්‍ය
People	ජනතාව
Programs	වැඩසටහන්
Public	මහජන
Youth	තරුණ

Photography
ඡායාරූප ශිල්පය

Black	කළු
Camera	කැමරාව
Color	වර්ණ
Composition	සංයුතිය
Contrast	වෙනස
Darkness	අඳුර
Definition	අර්ථ දැක්වීම
Exhibition	ප්‍රදර්ශනය
Format	ආකෘතිය
Frame	රාමුව
Lighting	ආලෝකය
Object	වස්තුව
Perspective	ඉදිරිදර්ශනය
Shadows	සවෙනැලි
Subject	විෂය
Texture	වයනය
View	දැක්ම
Visual	දෘශ්‍ය

Physics
භෞතික විද්‍යාව

Acceleration	ත්වරණය
Atom	පරමාණු
Chaos	අවුල්
Chemical	රසායනික
Density	ඝනත්වය
Electron	ඉලෙක්ට්‍රෝන
Engine	එන්ජිම
Formula	සූත්‍රය
Frequency	සංඛ්‍යාතය
Gas	ගෑස්
Gravity	ගුරුත්වය
Magnetism	චුම්භකත්වය
Mass	මහා
Molecule	අණුව
Nuclear	න්‍යෂ්ටික
Particle	අංශු
Relativity	ඥාතිත්වය
Speed	වේගය
Universal	විශ්ව
Velocity	ප්‍රවේගය

Plants
පැලෑටි

Bamboo	උණ
Bean	බෝංචි
Berry	බෙරී
Blossom	මල
Botany	උද්භිද විද්‍යා
Bush	බුෂ්
Cactus	පතොක්
Fertilizer	පොහොර
Flower	මල්
Foliage	ශාක පත්‍ර
Forest	වන
Garden	උයන
Grass	තෘණ
Ivy	අයිවි
Moss	පාසි
Petal	පෙති
Root	මූල
Stem	කඳ
Tree	ගස
Vegetation	වෘක්ෂලතාදිය

Professions #1
වෘත්තීන් #1

Ambassador	තානාපති
Astronomer	තාරකා විද්‍යාඥ
Attorney	නීතිඥ
Banker	බැංකුකරු
Coach	පුහුණුකරු
Dancer	නර්තන
Editor	කර්තෘ
Geologist	භූ විද්‍යාඥ
Hunter	දඩයක්කාරයා
Jeweler	ස්වර්ණාභරණ
Lawyer	නීතිඥයා
Mechanic	කාර්මිකයා
Musician	සංගීතඥ
Nurse	හෙදියක්
Pharmacist	ඖෂධවේදියෙක්
Psychologist	මනෝවිද්‍යාඥයා
Sailor	නාවිකයා
Scientist	විද්‍යාඥ
Tailor	ටේලර්
Veterinarian	පශු වෛද්‍ය

Professions #2
වෘත්තීන් #2

Astronaut	ගගනගාමී
Biologist	ජීව විද්‍යාඥ
Chemist	රසායන
Detective	රහස් පරීක්ෂක
Engineer	ඉංජිනේරු
Farmer	ගොවි
Gardener	උයන්
Illustrator	ඉලස්ට්‍රේටර්
Investigator	විමර්ශකයා
Journalist	මාධ්‍යවේදී
Philosopher	දාර්ශනිකයා
Physician	වෛද්‍යවරයා
Pilot	නියමු
Professor	මහාචාර්ය
Researcher	පර්යේෂක
Surgeon	ශල්‍ය වෛද්‍ය
Teacher	ගුරුවරයා
Zoologist	සත්ව විද්‍යාඥ

Psychology
මනෝවිද්‍යාව

Assessment	තක්සේරු
Behavior	හැසිරීම
Childhood	ළමා කාලය
Clinical	සායනික
Conflict	ගැටුම්
Dreams	සිහින
Ego	ඊගෝ
Emotions	හැඟීම්
Experiences	අත්දැකීම්
Ideas	අදහස්
Influences	බලපෑම්
Memories	මතකයන්
Perception	සංජානනය
Personality	පෞරුෂත්වය
Problem	ගැටලුව
Reality	යථාර්ථය
Sensation	සංවේදනය
Therapy	චිකිත්සාව
Thoughts	සිතුවිලි
Unconscious	සිහිසුන්

Restaurant #1
අවන්හල #1

Allergy	අසාත්මිකතා
Bowl	පාත්‍රය
Bread	පාන්
Chicken	කුකුළු මස්
Coffee	කෝපි
Dessert	අතුරුපස
Food	ආහාර
Ingredients	අමුද්‍රව්‍ය
Kitchen	කුස්සිය
Knife	පිහියක්
Meat	මස්
Menu	මෙනු
Napkin	තුවා
Reservation	වෙන්
Sauce	සෝස්
Spicy	සැර
Waitress	වේටර්වරියක්

Restaurant #2
අවන්හල #2

Cake	කේක්
Chair	පුටුව
Delicious	රසවත්
Dinner	රාත්‍රී ආහාරය
Eggs	බිත්තර
Fish	මාළු
Fork	දබෙලක
Fruit	පල
Ice	අයිස්
Lunch	දිවා ආහාරය
Noodles	නූඩ්ල්ස්
Salad	සලාද
Salt	ලුණු
Soup	සුප්
Spices	කුළුබඩු
Spoon	හැන්දක්
Vegetables	එළවළු
Waiter	වේටර්
Water	ජලය

Safety
ආරක්ෂාව

Caution	අවවාදය
Detective	රහස් පරීක්ෂක
Education	අධ්‍යාපනය
Event	අවස්ථාවට
Evidence	සාක්ෂි
Hazard	උපද්‍රව
Hero	වීරයා
Impact	බලපෑම
Incident	සිද්ධිය
Instincts	ආසාව
Insurance	රක්ෂණ
Investigate	විමර්ශනය
Official	නිල
Police	පොලිස්
Risks	අවදානම්
Security	ආරක්ෂාව
Strategy	උපාය

Science
විද්‍යාව

Atom	පරමානු
Chemical	රසායනික
Climate	දේශගුණය
Data	දත්ත
Evolution	පරිණාමය
Fact	ඇත්ත
Fossil	පොසිල
Gravity	ගුරුත්වය
Hypothesis	කල්පිතය
Laboratory	රසායනාගාරය
Method	ක්‍රමය
Minerals	ඛනිජ
Molecules	අණු
Nature	ස්වභාවය
Observation	නිරීක්ෂණ
Organism	ජීවියා
Particles	අංශු
Physics	භෞතික විද්‍යාව
Plants	පැල
Scientist	විද්‍යාඥ

Science Fiction
විද්‍යා ප්‍රබන්ධය

Atomic	පරමාණුක
Books	පොත්
Cinema	සිනමා
Dystopia	ඩීස්ටෝපියාව
Explosion	පිපිරීම
Extreme	අන්ත
Fantastic	නියමයි
Fire	ගිනි
Futuristic	අනාගතවාදී
Galaxy	ගැලැක්සි
Illusion	මායාව
Imaginary	අතාත්වික
Mysterious	අභිරහස්
Novels	නවකතා
Oracle	ඔරකල්
Planet	ග්‍රහලෝකය
Robots	රොබෝවරු
Technology	තාක්ෂණය
Utopia	මනෝරාජය
World	ලෝකය

Scientific Disciplines
විද්‍යාත්මක විෂයයන්

Archaeology	පුරාවිද්‍යාව
Astronomy	තාරකා විද්‍යාව
Biochemistry	ජෛව රසායනය
Biology	ජීව විද්‍යාව
Botany	උද්භිද විද්‍යා
Chemistry	රසායන විද්‍යාව
Ecology	පරිසර විද්‍යාව
Geology	භූ විද්‍යාව
Kinesiology	ගතිවිද්‍යාව
Linguistics	වාග් විද්‍යාව
Mineralogy	ඛනිජ විද්‍යාව
Nutrition	පෝෂණය
Physics	භෞතික විද්‍යාව
Physiology	කායික විද්‍යාව
Psychology	මනෝවිද්‍යාව
Robotics	රොබෝ
Sociology	සමාජ විද්‍යාව
Zoology	සත්ව විද්‍යාව

Shapes
හැඩතල

Arc	චාප
Circle	රවුම
Cone	කේතුවක්
Corner	කළෙවරේ
Cube	කැට
Curve	වක්‍රය
Cylinder	සිලින්ඩර
Edges	දාර
Ellipse	ඉලිප්ස්
Hyperbola	හයිපර්බෝලා
Line	මාර්ගය
Oval	ඕවල්
Polygon	බහුඅස්‍ර
Prism	ප්‍රිස්මය
Pyramid	පිරමීඩය
Rectangle	සෘජුකෝණාස්‍රය
Side	පැත්ත
Square	වර්ග
Triangle	ත්‍රිකෝණය

Spices
කුළුබඩු

Anise	අසමෝදගම්
Bitter	කටුක
Cardamom	එනසාල්
Cinnamon	කුරුඳු
Coriander	කොත්තමල්ලි
Cumin	දුරු
Curry	කරි
Fennel	මහදුරු
Fenugreek	ග්‍රීක
Flavor	රසය
Garlic	සුදුළූණු
Ginger	ඉඟුරු
Licorice	වැල්මී
Nutmeg	සාදික්කා
Onion	ලූනු
Paprika	පැපිකා
Saffron	කුංකුම
Salt	ලුණු
Sweet	මීහිරි
Vanilla	වැනිලා

Technology
තාක්ෂණය

Blog	බ්ලොග්
Browser	බ්‍රවුසරය
Bytes	බයිට්
Camera	කැමරාව
Computer	පරිගණක
Cursor	කර්සරය
Data	දත්ත
Digital	ඩිජිටල්
File	ගොනුව
Internet	අන්තර්ජාල
Message	පණිවිඩය
Research	පර්යේෂණ
Screen	තිරය
Security	ආරක්ෂාව
Software	මෘදුකාංග
Virtual	අථත්‍ය
Virus	වෛරසය

The Company
සමාගම

Business	ව්‍යාපාර
Creative	නිර්මාණාත්මක
Decision	තීරණය
Employment	රැකියා
Global	ගෝලීය
Industry	කර්මාන්තය
Innovative	නව්‍ය
Investment	ආයෝජන
Possibility	හැකියාව
Presentation	ඉදිරිපත්
Product	නිෂ්පාදන
Professional	වෘත්තීය
Progress	ප්‍රගතිය
Quality	ගුණාත්මක
Reputation	කීර්තිය
Resources	සම්පත්
Revenue	ආදායම්
Risks	අවදානම්
Trends	ප්‍රවණතා
Units	ඒකක

The Media
මාධ්‍ය

Attitudes	ආකල්ප
Commercial	වාණිජ
Communication	සන්නිවේදන
Digital	ඩිජිටල්
Edition	සංස්කරණය
Education	අධ්‍යාපනය
Facts	කරුණු
Funding	අරමුදල්
Images	රූප
Industry	කර්මාන්තය
Intellectual	බුද්ධිමය
Local	දේශීය
Magazines	සඟරා
Network	ජාලය
Newspapers	පුවත්පත්
Opinion	මතය
Photos	ඡායාරූප
Public	මහජන
Radio	ගුවන් විදුලි

Time
වේලාව

Annual	වාර්ෂික
Before	පෙර
Calendar	දින දසුන
Century	සියවස
Clock	ඔරලෝසුව
Day	දින
Decade	දශකය
Early	මුල්
Future	අනාගතය
Hour	පැය
Minute	විනාඩි
Month	මාසය
Morning	උදෑසන
Night	රාත්‍රී
Noon	දහවල්
Now	දැන්
Soon	ඉක්මනින්
Today	අද
Week	සතියේ
Year	වර්ෂය

Town
නගරය

Airport	ගුවන්තොටුපල
Bakery	බේකරි
Bank	බැංකුව
Bookstore	පොත් සාප්පුව
Cafe	කැෆේ
Cinema	සිනමා
Clinic	සායනය
Florist	මල්
Gallery	ගැලරිය
Hotel	හෝටල්
Library	පුස්තකාලය
Market	වෙළෙඳපොළ
Museum	කෞතුකාගාරය
Pharmacy	ඖෂධ
Salon	සැලෝන්
School	පාසල්
Stadium	ක්‍රීඩාංගනය
Store	ගබඩා
Theater	රංග
Zoo	සත්වෝද්‍යානය

Universe
විශ්වය

Asteroid	ග්‍රහකය
Astronomer	තාරකා විද්‍යාඥ
Astronomy	තාරකා විද්‍යාව
Atmosphere	වායුගෝලය
Cosmic	කොස්මික්
Darkness	අඳුර
Eon	ඊන්
Equator	සමකය
Galaxy	ගැලැක්සි
Hemisphere	අර්ධගෝලයේ
Horizon	ක්ෂිතිජය
Latitude	අක්ෂාංශ
Moon	සඳ
Orbit	කක්ෂය
Sky	අහස
Solar	සූර්ය
Solstice	ද්‍රාවණය
Telescope	දුරේක්ෂය
Visible	දෘශ්‍යමාන
Zodiac	රාශි

Vacation #2
නිවාඩු #2

Airport	ගුවන්තොටුපල
Beach	වෙරළ
Camping	කඳවුරු
Destination	ගමනාන්තය
Foreign	විදේශ
Holiday	නිවාඩු
Hotel	හෝටල්
Island	දිවයින
Journey	ගමන
Leisure	විවේකය
Map	සිතියම
Mountains	කඳු
Passport	ගමන් බලපත්‍ර
Photos	ඡායාරූප
Sea	මුහුදු
Taxi	ටැක්සි
Tent	කූඩාරම
Train	දුම්රිය
Transportation	ප්‍රවාහන
Visa	වීසා

Vegetables
එළවළු

Artichoke	කලාකෘති
Carrot	කැරට්
Celery	සැල්දිරි
Cucumber	පිපිඤ්ඤා
Eggplant	වම්බටු
Garlic	සුදුළූණු
Ginger	ඉඟුරු
Mushroom	හතු
Olive	ඔලිව්
Onion	ලූනු
Pea	කව්පි
Potato	අර්තාපල්
Pumpkin	වට්ටක්කා
Radish	රාබු
Salad	සලාද
Seaweed	මුහුදු පැලෑටි
Shallot	ශලොට්
Spinach	නිවිති
Tomato	තක්කාලි
Turnip	ටර්නිප්

Vehicles
වාහන

Airplane	ගුවන් යානය
Bicycle	පාපැදි
Boat	බෝට්ටුව
Bus	බස්
Car	මෝටර් රථ
Caravan	තවලම්
Engine	එන්ජිම
Ferry	පාරු
Helicopter	හෙලිකොප්ටර්
Motor	මෝටර්
Raft	මාලාවක්
Rocket	රොකට්
Scooter	ස්කූටරය
Shuttle	ෂටලය
Submarine	සබ්මැරීන්
Subway	උමං මාර්ග
Taxi	ටැක්සි
Tires	ටයර්
Tractor	ට්‍රැක්ටර්
Truck	ට්‍රක්

Water
ජලය

Canal	ඇල
Evaporation	වාෂ්පීකරණය
Flood	ගංවතුර
Geyser	ගයිසර්
Humidity	ආර්ද්‍රතාවය
Hurricane	සුළි කුණාටුව
Ice	අයිස්
Irrigation	වාරිමාර්ග
Lake	වීල
Moisture	තෙතමනය
Monsoon	මෝසම්
Ocean	සාගර
Rain	වැසි
River	ගඟ
Shower	ෂවර්
Snow	හිම
Steam	වාෂ්ප
Waves	තරංග

Weather
කාලගුණය

Atmosphere	වායුගෝලය
Calm	සන්සුන්
Climate	දේශගුණය
Cloud	වලාකුළු
Drought	නියඟය
Dry	වියළි
Fog	මීදුම
Hurricane	සුළි කුණාටුව
Ice	අයිස්
Lightning	අකුණු
Monsoon	මෝසම්
Polar	හිම
Rainbow	රේන්බෝ
Sky	අහස
Storm	කුණාටුව
Temperature	උෂ්ණත්වය
Thunder	ගිගුරුම්
Tornado	ටෝනාඩෝ
Tropical	නිවර්තන
Wind	සුළං

Congratulations

You made it!

We hope you enjoyed this book as much as we enjoyed making it. We do our best to make high quality games.
These puzzles are designed in a clever way for you to learn actively while having fun!

Did you love them?

A Simple Request

Our books exist thanks your reviews. Could you help us by leaving one now?

Here is a short link which will take you to your order review page:

BestBooksActivity.com/Review50

MONSTER CHALLENGE!

Challenge #1

Ready for Your Bonus Game? We use them all the time but they are not so easy to find. Here are **Synonyms**!

Note 5 words you discovered in each of the Puzzles noted below (#21, #36, #76) and try to find 2 synonyms for each word.

Note 5 Words from *Puzzle 21*

Words	Synonym 1	Synonym 2

Note 5 Words from *Puzzle 36*

Words	Synonym 1	Synonym 2

Note 5 Words from *Puzzle 76*

Words	Synonym 1	Synonym 2

Challenge #2

Now that you are warmed-up, note 5 words you discovered in each Puzzle noted below (#9, #17, #25) and try to find 2 antonyms for each word. How many lines can you do in 20 minutes?

*Note 5 Words from **Puzzle 9***

Words	Antonym 1	Antonym 2

*Note 5 Words from **Puzzle 17***

Words	Antonym 1	Antonym 2

*Note 5 Words from **Puzzle 25***

Words	Antonym 1	Antonym 2

Challenge #3

Wonderful, this monster challenge is nothing to you!

Ready for the last one? Choose your 10 favorite words discovered in any of the Puzzles and note them below.

1.	6.
2.	7.
3.	8.
4.	9.
5.	10.

Now, using these words and within a maximum of six sentences, your challenge is to compose a text about a person, animal or place that you love!

Tip: You can use the last blank page of this book as a draft!

Your Writing:

Explore a Unique Store
Set Up **FOR YOU!**

BestActivityBooks.com/**TheStore**

Designed for Entertainment!

Light Up Your Brain With Unique **Gift Ideas**.

Access **Surprising** And **Essential Supplies!**

CHECK OUT OUR MONTHLY SELECTION NOW!

- Expertly Crafted Products -

NOTEBOOK:

SEE YOU SOON!

Linguas Classics Team

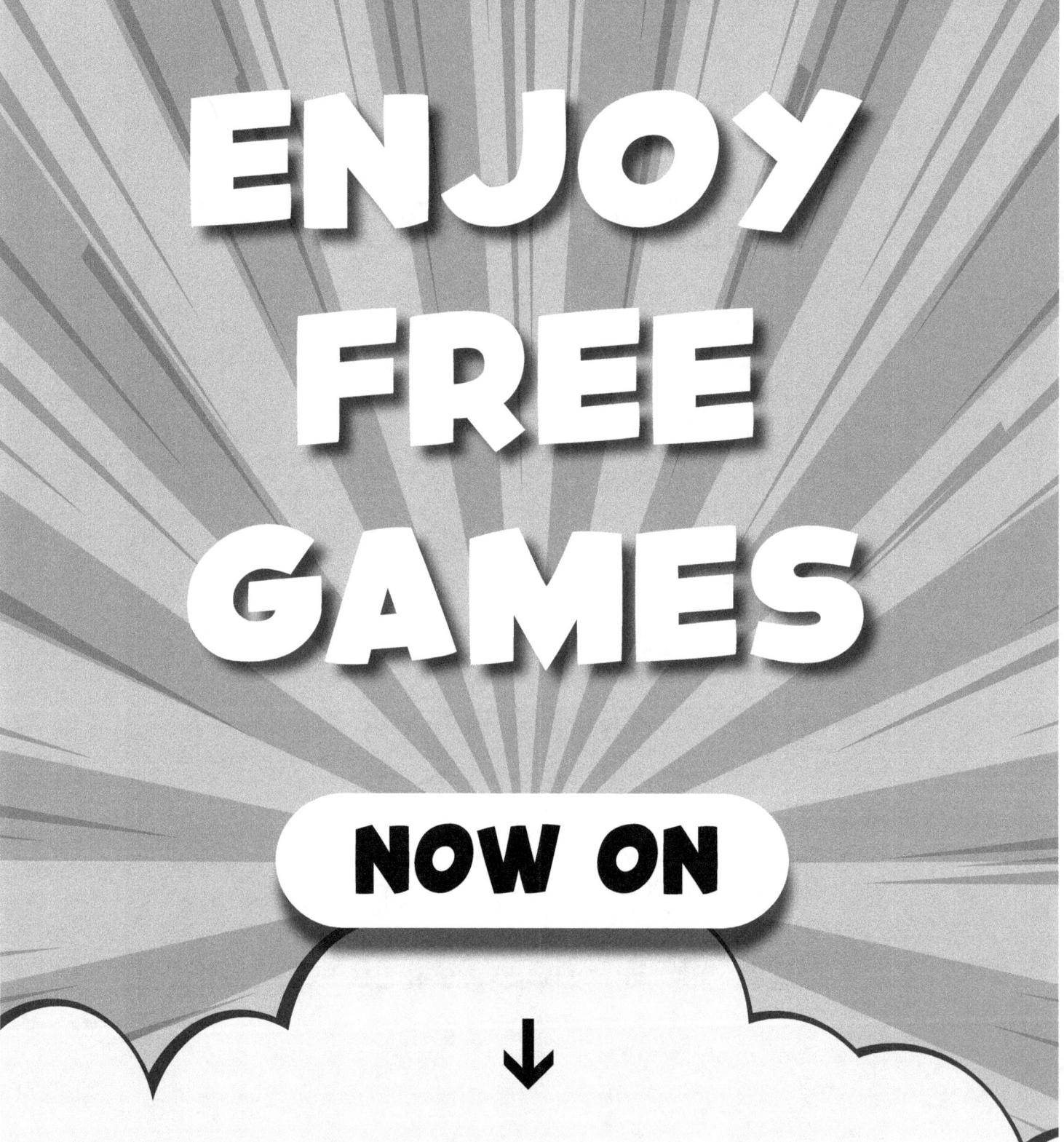

ENJOY
FREE
GAMES
NOW ON
BESTACTIVITYBOOKS.COM/FREEGAMES

www.ingramcontent.com/pod-product-compliance
Lightning Source LLC
Chambersburg PA
CBHW082154120626
46553CB00010B/2893
* 9 7 9 8 8 9 6 7 0 8 2 6 1 *